해커스
공인중개사

단원별 기출문제집

2차 부동산공시법령

해커스 공인중개사

land.Hackers.com

해커스 공인중개사

공인중개사 1위 해커스
한경비즈니스 2024 한국브랜드만족지수 교육(온·오프라인 공인중개사 학원) 1위

시간이 없을수록, 기초가 부족할수록, 결국 강사력

강의만족도 96.4%
최정상급 스타교수진

[96.4%] 해커스 공인중개사 2023 수강생 온라인 설문결과(해당 항목 응답자 중 만족의견 표시 비율)

다른 학원에 비해 교수님들의 강의실력이 월등히 높다는 생각에 해커스에서 공부를 하게 되었습니다.

-해커스 합격생 김정헌 님-

해커스 교수님들의 강의력은 타 어떤 학원에 비해 정말 최고라고 단언할 수 있습니다.

-해커스 합격생 홍진한 님-

해커스 공인중개사 교수진이 정말 최고입니다. 그래서 합격했고요.

-해커스 합격생 한주석 님-

해커스의 가장 큰 장점은 최고의 교수진이 아닌가 생각합니다. 어디를 내놔도 최고의 막강한 교수진이라고 생각합니다.

-해커스 합격생 조용우 님-

잘 가르치는 정도가 아니라 어떤 교수님이라도 너무 열심히, 너무 열성적으로 가르쳐주시는데 대해서 정말 감사히 생각합니다.

-해커스 합격생 정용진 님-

해커스처럼 이렇게 열심히 의욕적으로 가르쳐주시는 교수님들 타학원에는 없다고 확신합니다.

-해커스 합격생 노준영 님-

해커스 공인중개사

공인중개사 1위 해커스
한경비즈니스 2024 한국브랜드만족지수 교육(온·오프라인 공인중개사 학원) 1위

무료가입만 해도
6가지 특별혜택 제공!

전과목 강의 0원

스타교수진 최신강의
100% 무료수강
* 7일간 제공

합격에 꼭 필요한 교재 무료배포

최종합격에 꼭 필요한
다양한 무료배포 이벤트
* 비매품

기출문제 해설특강

시험 전 반드시 봐야 할
기출문제 해설강의 무료

전국모의고사 서비스 제공

실전모의고사 9회분
+해설강의까지 제공

막판 점수 UP! 파이널 학습자료

시험 직전 핵심자료 &
반드시 풀어야 할 600제 무료
* 비매품   * 이벤트 신청 시

개정법령 업데이트 서비스

계속되는 법령 개정도
끝까지 책임지는 해커스!

공인중개사 1위 해커스
지금 무료가입하고 이 모든 혜택 받기

합격으로 이끄는 명쾌한 비법,
필수 기출문제와 풍부한 해설을 한 번에!

부동산공시법은 「공간정보의 구축 및 관리 등에 관한 법률」과 「부동산등기법」으로 구성되어 있습니다. 새로운 문제를 출제하기보다는 기존의 문제를 변형한 문제가 다수 출제되는 특징이 있습니다. 시험공부는 시간싸움이기에, 기출문제를 정확하게 이해하는 것이 공부시간을 줄이는 가장 좋은 방법입니다.

1. 기출문제를 풀면서 출제되는 부분을 정확하게 이해하는 것이 필요합니다. 기출문제와 동일하게 출제되지는 않으나, 시험에 출제되었던 지문은 그대로 출제됩니다. 그러므로 기출문제 풀이 시 정답을 찾는 것에 중점을 두지 말고 출제된 지문을 모두 확인하는 것이 필요합니다.

2. 어려운 문제를 풀기보다는 실수를 줄이는 것이 중요합니다. 현재 부동산공시법령은 어려운 문제를 출제하기보다는 기본적인 사항을 위주로 출제되므로 어려운 문제를 맞히는 것에 중점을 두지 말고 기본적인 문제에서 실수를 줄이는 것이 중요합니다.

3. 반복하여 공부하는 것이 중요합니다. 한 번 보는 것보다는 두 번 보는 것이 좋고, 두 번 보는 것보다는 세 번 보는 것이 좋습니다. 대충 알고 있는 내용은 시험에서 사용할 수 없습니다. 정확하게 아는 것이 중요합니다. 반복하여 정확하게 이해하는 것이 가장 중요합니다.

공간정보법은 사회생활에서 많이 사용되는 법률이 아니기 때문에 법률(법, 시행령, 시행규칙) 내용 위주로 정리하면 됩니다. 기출문제를 풀며 출제되는 제목을 확인하여 제목 위주로 정리하는 것이 좋습니다. 부동산등기법은 지엽적인 사항보다는 등기절차를 중심으로 포괄적으로 공부하는 것이 필요합니다. 부동산등기법, 등기규칙 등 관련법규를 공부하시고 등기예규에 관한 사항도 이해하여야 합니다. 등기법은 등기절차에 관련되는 전반적인 절차가 중요하며, 지엽적으로 암기하기보다는 등기절차 총론과 권리등기의 절차를 연관 지어 전반적인 흐름을 익혀야 합니다.

지금 시작하시면 제36회 공인중개사 시험에 충분히 합격할 수 있습니다. 합격에 가장 많은 도움을 주는 것이 기출문제이기에, 문제를 풀며 어떤 부분이 자주 출제되는지, 어느 부분이 중요한지를 이해하시면 공부할 시간과 내용을 줄일 수 있습니다.

여러분의 합격을 기원합니다. 파이팅하세요! ^^

2025년 1월
홍승한, 해커스 공인중개사시험 연구소

이 책의 차례

학습계획표	5
이 책의 특징	6
공인중개사 안내	8
공인중개사 시험안내	10
출제경향분석	12

제1편 공간정보의 구축 및 관리 등에 관한 법률

제1장	총칙	16
제2장	토지의 등록	17
제3장	지적공부	37
제4장	토지의 이동 및 지적정리	53
제5장	지적측량	77

제2편 부동산등기법

제1장	총칙	92
제2장	등기기관과 설비	99
제3장	등기절차 총론	101
제4장	표시에 관한 등기	134
제5장	권리에 관한 등기	135

부록
빈출지문 노트	184

학습계획표

학습계획표 이용방법

이 책의 특징에 수록된 '학습계획표 이용방법'을 참고하여 자유롭게 학습계획표를 선택하실 수 있습니다.

학습계획표

* 이하 편·장 이외의 숫자는 본문 내의 문제번호입니다.

구분	월	화	수	목	금	토	일
부동산공시법령	1편 1~2장	1편 3장~4장 10	1편 4장 11~5장	2편 1~3장 10	2편 3장 11~4장	2편 5장 01~29	2편 5장 30~54

자기주도 학습계획표

구분	학습 범위	학습 기간
1		
2		
3		
4		
5		
6		
7		
8		
9		
10		

이 책의 특징

교재 미리보기

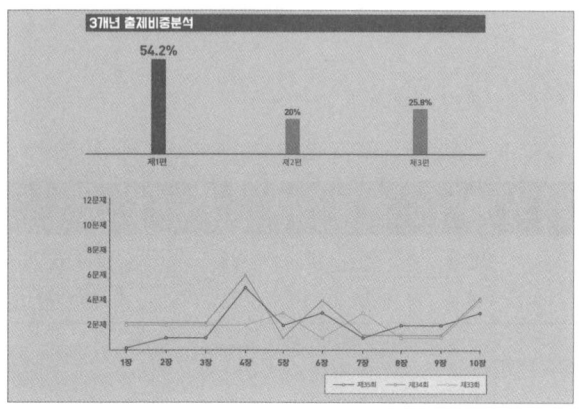

출제비중분석
최근 3개년의 편별 출제비중 및 장별 기출문제 수를 그래프로 제시하여 본격적으로 문제풀이를 시작하기 전에 해당 편·장의 중요도를 한 눈에 확인할 수 있도록 구성하였습니다.

필수 기출문제
- 10개년 기출문제 중 출제가능성이 높은 문제를 엄선하여 수록하였고, 수험생들의 학습 편의성을 고려하여 문제에 최신 개정법령을 반영하였습니다.
- 본인의 학습 수준에 맞는 문제를 선택하여 풀어볼 수 있도록 문제별로 난이도를 표시하였고, 반복학습이 중요한 기출문제의 특성을 고려하여 회독표시를 할 수 있도록 구성하였습니다.

풍부한 톺아보기
- 톺아보기란 '샅샅이 더듬어 뒤지면서 찾아보다'라는 순 우리말로 단순히 정답과 해설만 제시하는 것이 아닌, 기출문제를 깊이 있게 이해할 수 있도록 학습에 도움이 되는 자세하고 풍부한 해설을 제공하고자 하였습니다.
- 톺아보기 코너 중 '더 알아보기'에서 관련 판례, 비교 표 등 다양한 요소로 학습 이해도를 높일 수 있도록 구성하였고, 주요 지문에 ★표시를 하여 전략적으로 시험에 대비할 수 있도록 하였습니다.

교재 활용비법

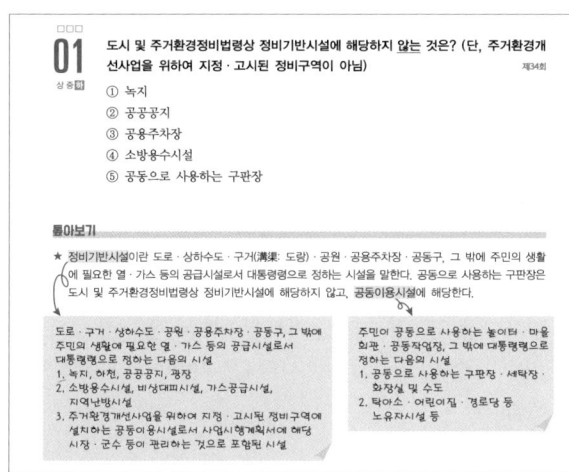

합격으로 이끄는 나만의 맞춤 교재 만들기

한 걸음
난이도 하 ~ 중의 문제를 중심으로 풀이하고 톺아보기를 확인하는 과정을 통하여 자신의 실력이 어느 정도인지를 파악합니다.

두 걸음
실력을 보강하기 위하여 추가 학습할 부분은 기본서에서 꼼꼼히 확인하고 필요한 내용을 메모하여 학습의 기반을 다집니다.

세 걸음
난이도 상의 문제를 풀어보는 것을 통하여 향상된 실력을 확인하고, 문제풀이를 반복적으로 진행하여 실전에 대비합니다.

학습계획 이용방법
* p.5에서 학습계획표를 확인할 수 있습니다.

수험생의 성향에 따라 학습계획을 선택할 수 있습니다.

학습계획표
한 과목을 1주에 걸쳐 1회독 할 수 있는 학습계획표로, 한 과목씩 집중적으로 공부하고 싶은 수험생에게 추천합니다.

자기주도 학습계획표
자율적으로 일정을 설정할 수 있는 학습계획표로 자신의 학습속도에 맞추어 진도를 설정하고 싶은 수험생에게 추천합니다.

[작성예시표]

구분	학습 범위	학습 기간
1	1편 1장	1월 1일~1월 3일 / 3월 1일~3월 2일
2	1편 1장~2장	1월 4일~1월 6일 / 4월 5일~4월 6일

공인중개사 안내

공인중개사란?

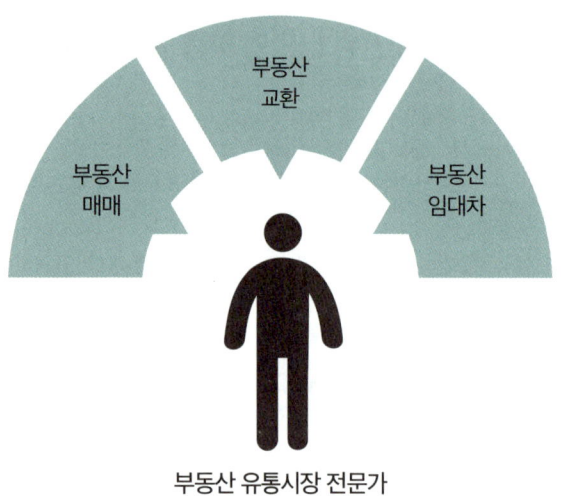

부동산 유통시장 전문가

- 일정한 수수료를 받고 토지나 주택 등 중개대상물에 대하여 거래당사자간의 매매, 교환, 임대차 그 밖의 권리의 득실·변경에 관한 행위를 알선·중개하는 업무입니다.

- 공토지나 건축물의 부동산중개업 외에도 부동산의 관리·분양 대행, 경·공매대상물의 입찰·매수신청 대리, 부동산의 이용·개발 및 거래에 대한 상담 등 다양한 업무를 수행할 수 있습니다.

공인중개사의 업무

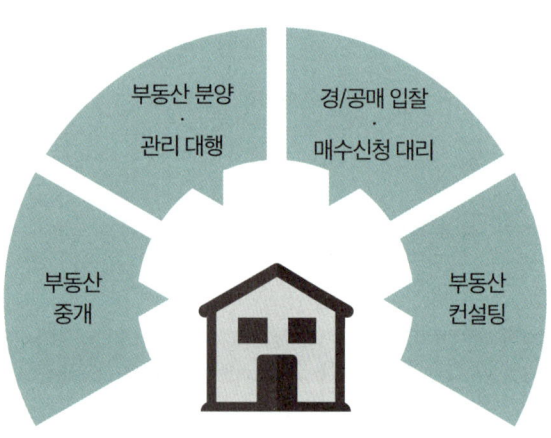

공인중개사 업무

- 공인중개사는 「공인중개사법」에 따라 공인중개사 자격을 취득한 자로, 타인의 의뢰에 의하여 일정한 수수료를 받고 토지나 건물 등에 관한 매매·교환·임대차 등의 중개를 전문으로 할 수 있는 법적 자격을 갖춘 사람을 의미합니다.

- 공인중개사는 부동산유통시장에서 원활한 부동산거래가 이루어지도록 서비스를 제공하는 전문직업인으로서 그 역할과 책무가 어느 때보다도 중요시되고 있습니다.

공인중개사의 진로

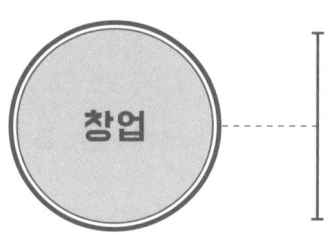

공인중개사 시험에 합격하면 소정의 교육을 거쳐 중개법인, 개인 및 합동 공인중개사 사무소, 투자신탁회사 등을 설립하여 중개 업무에 종사할 수 있다는 점이 공인중개사의 가장 큰 매력입니다. 특히 중개사무소의 경우 소규모의 자본으로도 창업이 가능하므로 다양한 연령대의 수험생들이 공인중개사 시험을 준비하고 있습니다.

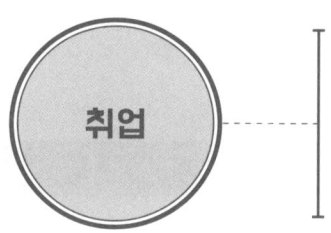

공인중개사는 중개법인, 중개사무소 및 부동산 관련 회사에 취업이 가능합니다. 또한 일반 기업의 부동산팀 및 관재팀, 은행 등의 부동산 금융분야, 정부재투자기관에도 취업이 가능하며, 여러 기업에서 공인중개사 자격증을 취득한 사원에게 승급 우대 또는 자격증 수당 등의 혜택을 제공하고 있습니다.

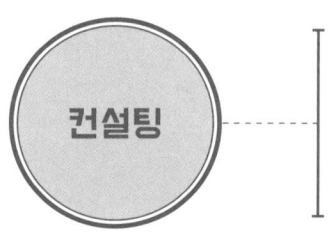

종래의 부동산 중개사무소 개업 외에 부동산의 입지환경과 특성을 조사·분석하여 부동산의 이용을 최대화할 수 있는 방안을 연구하고 자문하는 부동산 컨설팅업이 최근 들어 부각되고 있어 단순 중개업무 이외에 법률·금융의 전문적 지식을 요하는 전문가로서의 역할을 기대할 수 있습니다.

한국토지주택공사, 한국자산관리공사 등 공기업에서는 채용 시 공인중개사 자격증 소지자에게 2~3%의 가산점을 부여하고 있으며, 경찰공무원 시험에서도 가산점 2점을 주고 있습니다.

공인중개사 시험안내

응시자격

학력, 나이, 내·외국인을 불문하고 제한이 없습니다.
* 단, 법에 의한 응시자격 결격사유에 해당하는 자는 제외합니다(www.Q-Net.or.kr/site/junggae에서 확인 가능).

원서접수방법

- 국가자격시험 공인중개사 홈페이지(www.Q-Net.or.kr/site/junggae) 및 모바일큐넷(APP)에 접속하여 소정의 절차를 거쳐 원서를 접수합니다.
  * 5일간 정기 원서접수 시행, 2일간 빈자리 추가접수 도입(정기 원서접수 기간 종료 후 환불자 범위 내에서만 선착순으로 빈자리 추가접수를 실시하므로 조기 마감될 수 있음)
- 원서접수 시 최근 6개월 이내 촬영한 여권용 사진(3.5cm×4.5cm)을 JPG파일로 첨부합니다.
- 제35회 시험 기준 응시수수료는 1차 13,700원, 2차 14,300원, 1·2차 동시 응시의 경우 28,000원입니다.

시험과목

차수	시험과목	시험범위
1차 (2과목)	부동산학개론	• 부동산학개론: 부동산학 총론, 부동산학 각론 • 부동산감정평가론
	민법 및 민사특별법 중 부동산 중개에 관련되는 규정	• 민법: 총칙 중 법률행위, 질권을 제외한 물권법, 계약법 중 총칙·매매·교환·임대차 • 민사특별법: 주택임대차보호법, 상가건물 임대차보호법, 집합건물의 소유 및 관리에 관한 법률, 가등기담보 등에 관한 법률, 부동산 실권리자명의 등기에 관한 법률
2차 (3과목)	공인중개사의 업무 및 부동산 거래신고에 관한 법령 및 중개실무	• 공인중개사법 • 부동산 거래신고 등에 관한 법률 • 중개실무(부동산거래 전자계약 포함)
	부동산공법 중 부동산 중개에 관련되는 규정	• 국토의 계획 및 이용에 관한 법률 • 도시개발법 • 도시 및 주거환경정비법 • 주택법 • 건축법 • 농지법
	부동산공시에 관한 법령 및 부동산 관련 세법*	• 부동산등기법 • 공간정보의 구축 및 관리 등에 관한 법률(제2장 제4절 및 제3장) • 부동산 관련 세법(상속세, 증여세, 법인세, 부가가치세 제외)

* 부동산공시에 관한 법령 및 부동산 관련 세법 과목은 내용의 구성 편의상 '부동산공시법령'과 '부동산세법'으로 분리하였습니다.
* 답안은 시험시행일 현재 시행되고 있는 법령 등을 기준으로 작성합니다.

시험시간

구분		시험과목 수	입실시간	시험시간
1차 시험		2과목 (과목당 40문제)	09:00까지	09:30~11:10(100분)
2차 시험	1교시	2과목 (과목당 40문제)	12:30까지	13:00~14:40(100분)
	2교시	1과목 (과목당 40문제)	15:10까지	15:30~16:20(50분)

* 위 시험시간은 일반응시자 기준이며, 장애인 등 장애 유형에 따라 편의제공 및 시험시간 연장이 가능합니다(장애 유형별 편의제공 및 시험시간 연장 등 세부내용은 국가자격시험 공인중개사 홈페이지 공지사항 참고).

시험방법

- 1년에 1회 시험을 치르며, 1차 시험과 2차 시험을 같은 날에 구분하여 시행합니다.
- 모두 객관식 5지 선택형으로 출제됩니다.
- 답안은 OCR 카드에 작성하며, 전산자동 채점방식으로 채점합니다.

합격자 결정방법

- 1·2차 시험 공통으로 매 과목 100점 만점으로 하여 매 과목 40점 이상, 전 과목 평균 60점 이상 득점자를 합격자로 합니다.
- 1차 시험에 불합격한 사람의 2차 시험은 무효로 합니다.
- 1차 시험 합격자는 다음 회의 시험에 한하여 1차 시험을 면제합니다.

최종 정답 및 합격자 발표

- 최종 정답 발표는 인터넷(www.Q-Net.or.kr/site/junggae)을 통하여 확인 가능합니다.
- 최종 합격자 발표는 시험을 치른 1달 후에 인터넷(www.Q-Net.or.kr/site/junggae)을 통하여 확인 가능합니다.

출제경향분석

제35회 시험 총평

① 작년 시험과 비교하여 쉽게 출제되었습니다. 제34회 시험과 비교하여 박스(BOX)형 문제는 동일하게 출제되었습니다. 난이도 상(上) 문제 6개, 난이도 중(中) 문제 12개, 난이도 하(下) 문제 6개가 출제되었습니다. 경계점좌표등록부 시행지역에서의 토지분할시의 면적의 결정, 각종 등기의 임의적 기록사항에 관한 문제가 킬러문항으로 출제되었습니다. 기존의 기출지문을 변형한 지문이 다수 출제되었으므로 실제 난이도는 높지 않았을 것으로 생각됩니다.

② 공간정보법에서 경계점좌표등록부 시행지역의 토지분할시의 면적의 결정에 관한 문제와 축척변경에서 예외조항에 관한 문제를 제외하고는 기존 기출문제를 변형한 문제가 많이 출제되었습니다. 등기법에서는 각종등기의 임의적 기록사항에 관한 문제, 가등기에 기한 본등기를 경료한 경우에 중간처분등기의 처리에 관한 사례문제, 공동저당에 관한 문제가 난이도가 상(上)인 문제에 해당합니다. 그 외의 문제는 기존의 기출문제를 변형한 문제가 다수 출제되었고, 올해에는 비교적 평이했던 것으로 생각됩니다.

10개년 출제경향분석

구분		제26회	제27회	제28회	제29회	제30회	제31회	제32회	제33회	제34회	제35회	계	비율(%)
공간정보의 구축 및 관리 등에 관한 법률	총칙							1	1			2	0.8
	토지의 등록	3	5	5	4	4	2	2	1	3	5	34	14.2
	지적공부	4	3	2	4	1	3	5	4	1	3	30	12.5
	토지의 이동 및 지적정리	2	2	3	2	5	5	1	4	4	4	32	13.3
	지적측량	3	2	2	2	2	2	3	2	4		22	9.2
	소계	12	12	12	12	12	12	12	12	12	12	120	50
부동산 등기법	총칙	2		1	1	1		1	1	2		9	3.8
	등기기관과 설비		1						1			2	0.8
	등기절차 총론	3	4	4	3	4	4	4	3	5	4	38	15.8
	표시에 관한 등기				1							1	0.4
	권리에 관한 등기	7	7	7	7	7	8	7	7	5	8	70	29.2
	소계	12	12	12	12	12	12	12	12	12	12	120	50
총계		24	24	24	24	24	24	24	24	24	24	240	100

10개년 평균 편별 출제비중   * 총 문제 수: 24문제

제36회 수험대책

1편
부동산공시법령은 새로운 문제를 출제하기보다는 기존의 기출문제를 변형하여 출제하고 있습니다. 그러므로 기존의 출제유형을 정확하게 이해하고, 출제포인트를 중심으로 내용을 정리하는 것이 필요합니다.「공간정보의 구축 및 관리 등에 관한 법률」에서 제1장 총칙은 용어의 정의가 중요합니다. 제2장 토지의 등록에서는 토지등록의 기본 원칙에 대한 이해가 필요하며, 토지의 등록사항인 지번, 지목, 경계, 면적에 대한 정확한 이해가 필요합니다. 제3장 지적공부에서는 지적공부(토지대장, 지적도, 경계점좌표등록부)의 양식에 대한 암기가 필요합니다. 그 외에 지적공부의 공개, 지적전산자료의 이용, 부동산종합공부에 관한 사항이 출제될 수 있습니다. 제4장 토지의 이동 및 지적정리에서는 토지이동의 사유, 축척변경, 토지이동의 신청권자, 지적정리(지적공부의 정리, 등록사항의 정정)에 관한 부분이 출제될 수 있습니다. 제5장 지적측량에서는 지적측량의 대상과 절차, 지적기준점 성과의 열람, 지적측량적부심사 절차 등이 중요한 부분입니다.

2편
「부동산등기법」은 제5장 권리에 관한 등기에서 다수 출제되므로, 등기절차 총론과 권리의 등기를 유기적으로 이해하는 것이 필요합니다. 제1장 총칙은 부기등기, 등기할 물건, 등기의 효력과 유효요건을 정확하게 이해하여야 합니다. 제2장 등기기관과 설비는 등기기록의 구성에 대한 암기가 필요합니다. 제3장 등기절차 총론에서는 등기신청 형태에서 등기신청적격, 공동신청에서 등기권리자와 등기의무자의 구별, 단독신청, 제3자에 의한 등기 등이 출제될 수 있습니다. 신청정보 및 첨부정보는 등기신청정보, 등기원인정보, 등기필정보 등이 중요한 정보입니다. 신청 후 절차는 각하사유 특히 법 제29조 제2호 위반의 사례와 등기관의 처분에 대한 이의신청이 중요합니다. 제4장 표시에 관한 등기는 표시등기의 종류와 특징을 이해하시면 됩니다. 제5장 권리에 관한 등기는 권리등기의 통칙에서 권리의 변경등기와 말소등기에 관한 이해가 필요합니다. 소유권등기는 소유권보존등기의 신청적격자, 공동소유, 수용, 신탁등기 등이 단독문제나 종합문제로 출제될 수 있습니다. 용익권과 저당권등기는 기본적인 사항을 이해하면 됩니다. 구분건물등기는 대지권등기의 효력에 관련되는 내용을 이해하시고, 가등기는 가등기의 전반에 걸치는 사항이 종합문제로 출제될 수 있습니다.

land.Hackers.com
해커스 공인중개사 **단원별 기출문제집**

3개년 출제비중분석

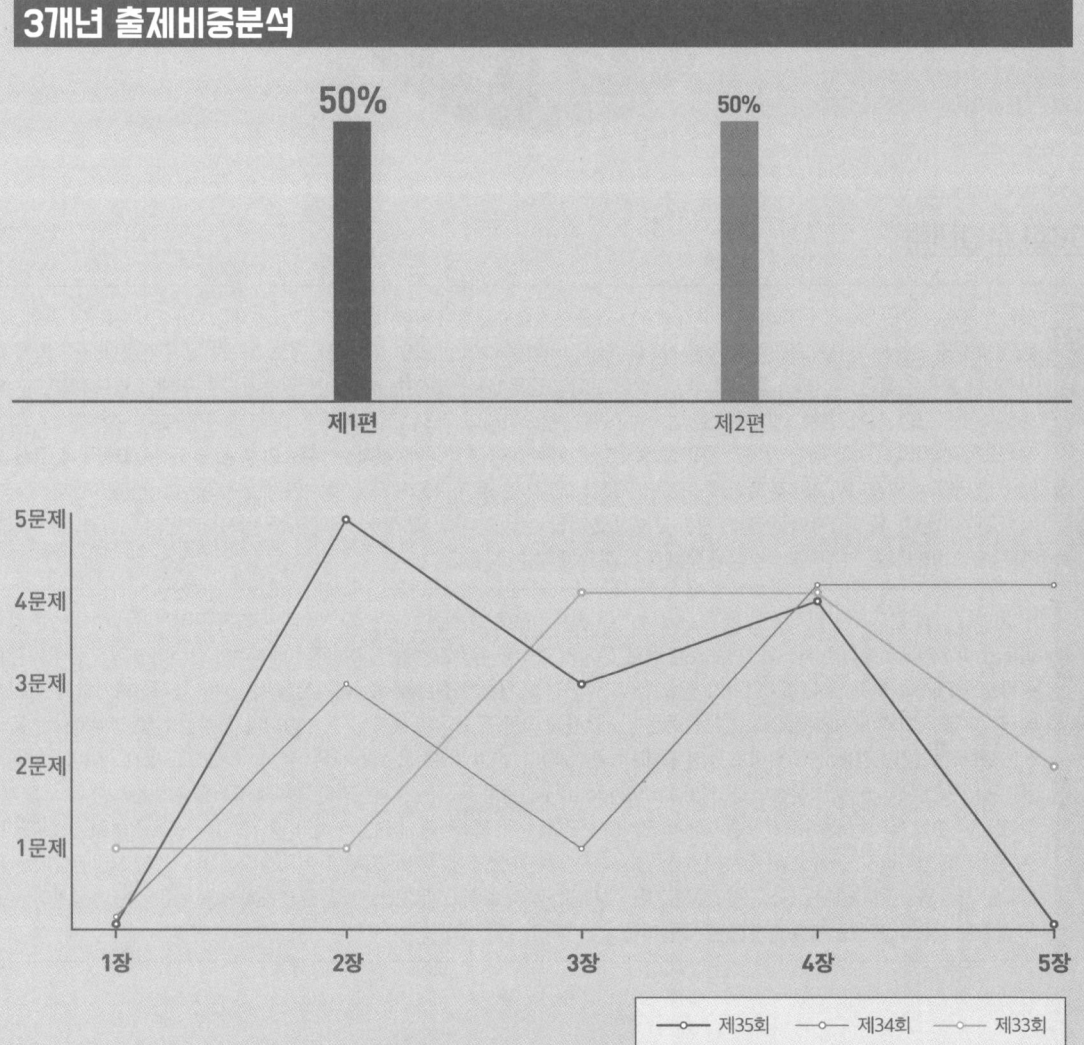

제1편

공간정보의 구축 및 관리 등에 관한 법률

제1장 총칙
제2장 토지의 등록
제3장 지적공부
제4장 토지의 이동 및 지적정리
제5장 지적측량

제1장 / 총칙

기본서 p.18~30

01 공간정보의 구축 및 관리 등에 관한 법령상 토지소유자가 지적소관청에 신청할 수 있는 토지의 이동 종목이 <u>아닌</u> 것은?

제25회

상 중 **하**

① 신규등록   ② 분할   ③ 지목변경
④ 등록전환   ⑤ 소유자변경

톺아보기

소유자의 변경은 토지의 이동 사유에 포함되지 아니한다.

더 알아보기

「공간정보의 구축 및 관리 등에 관한 법률」상 용어정의

구분	정의
지적확정측량	도시개발사업 등에 따른 사업이 끝나 토지의 표시를 새로 정하기 위하여 실시하는 지적측량
연속지적도	지적측량을 하지 아니하고 전산화된 지적도 및 임야도 파일을 이용하여, 도면상 경계점들을 연결하여 작성한 도면으로서 측량에 활용할 수 없는 도면
지적소관청	지적공부를 관리하는 특별자치시장, 시장(「제주특별자치도 설치 및 국제자유도시 조성을 위한 특별법」에 따른 행정시의 시장을 포함하며, 「지방자치법」에 따라 자치구가 아닌 구를 두는 시의 시장은 제외)·군수 또는 구청장(자치구가 아닌 구의 구청장을 포함)
토지의 표시	지적공부에 토지의 소재·지번·지목·면적·경계 또는 좌표를 등록한 것
지번부여지역	지번을 부여하는 단위지역으로서 동·리 또는 이에 준하는 지역
지목	토지의 주된 용도에 따라 토지의 종류를 구분하여 지적공부에 등록한 것
경계	필지별로 경계점들을 직선으로 연결하여 지적공부에 등록한 선
경계점	필지를 구획하는 선의 굴곡점으로서 지적도나 임야도에 도해(圖解) 형태로 등록하거나 경계점좌표등록부에 좌표 형태로 등록하는 점
토지이동	토지의 표시를 새로 정하거나 변경 또는 말소하는 것
등록전환	임야대장·임야도에 등록된 토지를 토지대장·지적도에 옮겨 등록하는 것
축척변경	지적도에 등록된 경계점의 정밀도를 높이기 위하여 작은 축척을 큰 축척으로 변경하여 등록하는 것

정답 | 01 ⑤

제2장 / 토지의 등록

기본서 p.32~59

01
상 중 하

공간정보의 구축 및 관리 등에 관한 법령상 토지의 이동이 있을 때 토지소유자의 신청이 없어 지적소관청이 토지의 이동현황을 직권으로 조사·측량하여 토지의 지번·지목·면적·경계 또는 좌표를 결정하기 위해 수립하는 계획은? 제32회

① 토지이동현황 조사계획
② 토지조사계획
③ 토지등록계획
④ 토지조사·측량계획
⑤ 토지조사·등록계획

톺아보기

지적소관청은 토지소유자의 신청이 없으면 지적소관청이 직권으로 조사·측량하여 결정할 수 있다. 토지의 이동현황을 직권으로 조사·측량하여 토지의 지번·지목·면적·경계 또는 좌표를 결정하려는 때에는 토지이동현황 조사계획을 수립하여야 한다(「공간정보의 구축 및 관리 등에 관한 법률 시행규칙」 제59조 제1항, 이하 제1편에서 '규칙'이라 한다).

정답 | 01 ①

02 공간정보의 구축 및 관리 등에 관한 법령상 토지의 조사·등록에 관한 설명이다. ( )에 들어갈 내용으로 옳은 것은?

제33회

> 지적소관청은 토지의 이동현황을 직권으로 조사·측량하여 토지의 지번·지목·면적·경계 또는 좌표를 결정하려는 때에는 토지이동현황 조사계획을 수립하여야 한다. 이 경우 토지이동현황 조사계획은 (㉠)별로 수립하되, 부득이한 사유가 있는 때에는 (㉡)별로 수립할 수 있다.

① ㉠: 시·군·구, ㉡: 읍·면·동
② ㉠: 시·군·구, ㉡: 시·도
③ ㉠: 읍·면·동, ㉡: 시·군·구
④ ㉠: 읍·면·동, ㉡: 시·도
⑤ ㉠: 시·도, ㉡: 시·군·구

톺아보기

㉠은 시·군·구이고, ㉡은 읍·면·동이다.
★ 지적소관청은 토지의 이동현황을 직권으로 조사·측량하여 토지의 지번·지목·면적·경계 또는 좌표를 결정하려는 때에는 토지이동현황 조사계획을 수립하여야 한다. 이 경우 토지이동현황 조사계획은 시·군·구별로 수립하되, 부득이한 사유가 있는 때에는 읍·면·동별로 수립할 수 있다(규칙 제59조 제1항).

더 알아보기

토지이동 조사·등록의 절차(규칙 제59조)

1. **토지이동현황 조사계획 수립**
   지적소관청은 토지의 이동이 발생하였음에도 불구하고 토지의 소유자가 신청이 없는 경우 토지의 이동현황을 직권으로 조사·측량하여 토지의 지번·지목·면적·경계·좌표를 결정하고자 하는 때에는 시·군·구별로 토지이동현황 조사계획을 수립하여야 한다.
2. **토지이동현황 조사**
   지적소관청은 토지이동이 실제로 발생했는지 여부의 현황을 조사하여야 한다.
3. **토지이동조사부 작성**
   지적소관청은 토지이동현황을 조사한 경우에는 토지이동조사부에 토지의 이동현황을 적어야 한다.
4. **토지이동정리 결의서 작성**
   지적소관청은 지적공부를 정리하고자 하는 토지이동정리의 명확성을 위하여 토지이동정리결의서를 작성하여 정리한다.
5. **지적공부 정리**
   토지이동정리 결의서를 기초로 지적공부를 정리한다.

03 공간정보의 구축 및 관리 등에 관한 법령상 지번의 구성 및 부여방법 등에 관한 설명으로 틀린 것은?

제29회

① 지번은 아라비아숫자로 표기하되, 임야대장 및 임야도에 등록하는 토지의 지번은 숫자 앞에 '산'자를 붙인다.
② 지번은 북서에서 남동으로 순차적으로 부여한다.
③ 지번은 본번과 부번으로 구성하되, 본번과 부번 사이에 '-' 표시로 연결한다.
④ 지번은 국토교통부장관이 시·군·구별로 차례대로 부여한다.
⑤ 분할의 경우에는 분할 후의 필지 중 1필지의 지번은 분할 전의 지번으로 하고, 나머지 필지의 지번은 본번의 최종 부번 다음 순번으로 부번을 부여한다.

톺아보기

지번은 지적소관청이 지번부여지역별로 차례대로 부여한다(「공간정보의 구축 및 관리 등에 관한 법률」 제66조, 이하 제1편에서 '법'이라 한다).

더 알아보기

토지이동시 지번의 부여방법

구분	원칙	예외
신규등록 및 등록전환	인접지의 본번에 부번	최종 본번의 다음 순번의 본번 • 대상 토지가 최종 지번에 인접한 경우 • 대상 토지가 이미 등록된 토지와 멀리 떨어진 경우 • 대상 토지가 여러 필지인 경우
분할	• 1필지: 분할 전 지번 • 나머지: 본번의 최종 부번의 다음 순번의 부번	주거·사무실 등의 건축물이 있는 필지에 대하여는 분할 전의 지번을 우선하여 부여
합병	합병대상 지번 중 선순위 지번(본번과 부번이 함께 오는 경우에는 본번 중 선순위 지번, 부번만인 경우에는 선순위 본번)	토지소유자가 합병 전의 필지에 건축물이 있어서 그 건축물이 위치한 지번을 합병 후의 지번으로 신청할 때에는 그 지번을 합병 후의 지번으로 부여
지적확정측량 실시지역	다음의 지번을 제외한 본번만으로 구성 • 지역 안의 종전 지번과 밖의 본번이 같은 경우 그 지번 • 경계에 걸쳐 있는 지번	부여할 수 있는 종전의 지번의 수가 새로이 부여할 지번보다 적은 때 • 블록 단위로 하나의 본번을 부여한 후 필지별로 부번 • 최종 본번의 다음 순번부터 본번
지적확정측량 준용	• 도시개발사업 시행지역 • 지번부여지역 안의 지번 변경시 • 행정구역 개편에 따라 새로이 지번을 부여하는 경우 • 축척변경 시행지역에서의 지번 부여시	

정답 | 02 ①　03 ④

04 공간정보의 구축 및 관리 등에 관한 법령상 등록전환에 따른 지번부여시 그 지번부여지역의 최종 본번의 다음 순번부터 본번으로 하여 순차적으로 지번을 부여할 수 있는 경우에 해당하는 것을 모두 고른 것은?   제35회

> ㄱ. 대상토지가 여러 필지로 되어 있는 경우
> ㄴ. 대상토지가 그 지번부여지역의 최종 지번의 토지에 인접하여 있는 경우
> ㄷ. 대상토지가 이미 등록된 토지와 멀리 떨어져 있어서 등록된 토지의 본번에 부번을 부여하는 것이 불합리한 경우

① ㄱ ② ㄱ, ㄴ ③ ㄱ, ㄷ
④ ㄴ, ㄷ ⑤ ㄱ, ㄴ, ㄷ

톺아보기

신규등록 및 등록전환의 경우에는 그 지번부여지역에서 인접토지의 본번에 부번을 붙여서 지번을 부여할 것. 다만, 다음의 어느 하나에 해당하는 경우에는 그 지번부여지역의 최종 본번의 다음 순번부터 본번으로 하여 순차적으로 지번을 부여할 수 있다(영 제56조 제3항).
• 대상토지가 그 지번부여지역의 최종 지번의 토지에 인접하여 있는 경우(ㄴ)
• 대상토지가 이미 등록된 토지와 멀리 떨어져 있어서 등록된 토지의 본번에 부번을 부여하는 것이 불합리한 경우(ㄷ)
• 대상토지가 여러 필지로 되어 있는 경우(ㄱ)

05 공간정보의 구축 및 관리 등에 관한 법령상 지번부여에 관한 설명이다. (   ) 안에 들어갈 내용으로 옳은 것은?   제27회

> 지적소관청은 도시개발사업 등이 준공되기 전에 사업시행자가 지번부여 신청을 하면 지번을 부여할 수 있으며, 도시개발사업 등이 준공되기 전에 지번을 부여하는 때에는 (   )에 따르되, 지적확정측량을 실시한 지역의 지번부여방법에 따라 지번을 부여하여야 한다.

① 사업계획도 ② 사업인가서
③ 지적도 ④ 토지대장
⑤ 토지분할조서

톺아보기

★ 지적소관청은 도시개발사업 등이 준공되기 전에 지번을 부여하는 때에는 도시개발사업 등 신고에 있어서의 사업계획도에 따르되, 지적확정측량 시행지역에 있어서의 지번부여방법에 따라 부여하여야 한다(규칙 제61조).

06 상중하

공간정보의 구축 및 관리 등에 관한 법령상 지적확정측량을 실시한 지역의 각 필지에 지번을 새로 부여하는 방법을 준용하는 것을 모두 고른 것은? 제28회

㉠ 지번부여지역의 지번을 변경할 때
㉡ 행정구역 개편에 따라 새로 지번을 부여할 때
㉢ 축척변경 시행지역의 필지에 지번을 부여할 때
㉣ 등록사항 정정으로 지번을 정정하여 부여할 때
㉤ 바다로 된 토지가 등록말소된 후 다시 회복등록을 위해 지번을 부여할 때

① ㉠
② ㉠, ㉡
③ ㉠, ㉡, ㉢
④ ㉠, ㉡, ㉢, ㉣
⑤ ㉡, ㉢, ㉣, ㉤

톺아보기

지적확정측량을 실시한 지역의 각 필지에 지번을 새로 부여하는 방법을 준용하는 것은 ㉠㉡㉢이다.
㉠㉡㉢의 경우 지적확정측량의 방법을 준용한다(「공간정보의 구축 및 관리 등에 관한 법률 시행령」 제56조, 이하 제1편에서 '영'이라 한다).
㉣ 등록사항을 정정하는 경우에는 원래의 지번을 부여하여야 한다.
㉤ 바다가 다시 토지로 변한 경우에는 신규등록으로 지번을 부여한다.

정답 | 04 ⑤ 05 ① 06 ③

07 공간정보의 구축 및 관리 등에 관한 법령에서 규정하고 있는 지목의 종류를 모두 고른 것은?

제28회

㉠ 선로용지	㉡ 체육용지
㉢ 창고용지	㉣ 철도용지
㉤ 종교용지	㉥ 항만용지

① ㉠, ㉡, ㉢
② ㉡, ㉤, ㉥
③ ㉠, ㉢, ㉣, ㉥
④ ㉠, ㉣, ㉤, ㉥
⑤ ㉡, ㉢, ㉣, ㉤

톺아보기

법령에서 규정하고 있는 지목의 종류는 ㉡ 체육용지, ㉢ 창고용지, ㉣ 철도용지, ㉤ 종교용지이다. ㉠ 선로용지, ㉥ 항만용지는 지목의 종류에 해당하지 아니한다.

더 알아보기

지목의 종류

지목은 전·답·과수원·목장용지·임야·광천지·염전·대(垈)·공장용지·학교용지·주차장·주유소용지·창고용지·도로·철도용지·제방(堤防)·하천·구거(溝渠)·유지(溜池)·양어장·수도용지·공원·체육용지·유원지·종교용지·사적지·묘지·잡종지로 구분하여 정한다(법 제67조 제1항).

08 공간정보의 구축 및 관리 등에 관한 법령상 지목의 구분 및 설정방법 등에 관한 설명으로 틀린 것은?

제35회

① 필지마다 하나의 지목을 설정하여야 한다.
② 1필지가 둘 이상의 용도로 활용되는 경우에는 주된 용도에 따라 지목을 설정하여야 한다.
③ 토지가 일시적 또는 임시적인 용도로 사용될 때에는 그 용도에 따라 지목을 변경하여야 한다.
④ 물을 상시적으로 이용하지 않고 닥나무·묘목·관상수 등의 식물을 주로 재배하는 토지의 지목은 "전"으로 한다.
⑤ 물을 상시적으로 직접 이용하여 벼·연(蓮)·미나리·왕골 등의 식물을 주로 재배하는 토지의 지목은 "답"으로 한다.

톺아보기

토지가 일시적 또는 임시적인 용도로 사용될 때에는 지목을 변경하지 아니한다(영 제59조 제2항).

더 알아보기

지목설정원칙
- 1필1목의 원칙: 필지마다 하나의 지목을 설정할 것
- 주지목추종의 원칙: 1필지가 둘 이상의 용도로 활용되는 경우에는 주된 용도에 따라 지목을 설정할 것
- 영속성의 원칙: 토지가 일시적 또는 임시적인 용도로 사용될 때에는 지목을 변경하지 아니한다.
- 사용목적추종의 원칙: 토지가 관계법령에 따라 형질변경 등 공사가 완료된 경우에는 그 사용목적에 따라 지목을 결정한다.

정답 | 07 ⑤ 08 ③

09 공간정보의 구축 및 관리 등에 관한 법령상 지목의 구분에 관한 설명으로 옳은 것은?

제29회

① 일반 공중의 보건 · 휴양 및 정서생활에 이용하기 위한 시설을 갖춘 토지로서 「국토의 계획 및 이용에 관한 법률」에 따라 공원 또는 녹지로 결정 · 고시된 토지는 '체육용지'로 한다.
② 온수 · 약수 · 석유류 등을 일정한 장소로 운송하는 송수관 · 송유관 및 저장시설의 부지는 '광천지'로 한다.
③ 물을 상시적으로 직접 이용하여 연(蓮) · 미나리 · 왕골 등의 식물을 주로 재배하는 토지는 '답'으로 한다.
④ 해상에 인공으로 조성된 수산생물의 번식 또는 양식을 위한 시설을 갖춘 부지는 '양어장'으로 한다.
⑤ 자연의 유수(流水)가 있거나 있을 것으로 예상되는 소규모 수로부지는 '하천'으로 한다.

톺아보기

오답해설

① 일반 공중의 보건 · 휴양 및 정서생활에 이용하기 위한 시설을 갖춘 토지로서 「국토의 계획 및 이용에 관한 법률」에 따라 공원 또는 녹지로 결정 · 고시된 토지는 '공원'으로 한다.
② 지하에서 온수 · 약수 · 석유류 등이 용출되는 용출구(湧出口)와 그 유지(維持)에 사용되는 부지는 '광천지'로 한다. 다만, 온수 · 약수 · 석유류 등을 일정한 장소로 운송하는 송수관 · 송유관 및 저장시설의 부지는 제외한다.
④ 육상에 인공으로 조성된 수산생물의 번식 또는 양식을 위한 시설을 갖춘 부지와 이에 접속된 부속시설물의 부지는 '양어장'으로 한다.
★ ⑤ 용수(用水) 또는 배수(排水)를 위하여 일정한 형태를 갖춘 인공적인 수로 · 둑 및 그 부속시설물의 부지와 자연의 유수(流水)가 있거나 있을 것으로 예상되는 소규모 수로부지는 '구거'로 한다.

10 공간정보의 구축 및 관리 등에 관한 법령상 지목을 '잡종지'로 정할 수 있는 기준에 대한 내용으로 틀린 것은? (단, 원상회복을 조건으로 돌을 캐내는 곳 또는 흙을 파내는 곳으로 허가된 토지는 제외함)

제35회

① 공항시설 및 항만시설 부지
② 변전소, 송신소, 수신소 및 송유시설 등의 부지
③ 도축장, 쓰레기처리장 및 오물처리장 등의 부지
④ 모래·바람 등을 막기 위하여 설치된 방사제·방파제 등의 부지
⑤ 갈대밭, 실외에 물건을 쌓아두는 곳, 돌을 캐내는 곳, 흙을 파내는 곳, 야외시장 및 공동우물

톺아보기

모래·바람 등을 막기 위하여 설치된 방사제·방파제 등의 부지는 '제방'으로 한다.

더 알아보기

잡종지(영 제58조 제28호)

다음의 토지는 잡종지로 한다. 다만, 원상회복을 조건으로 돌을 캐내는 곳 또는 흙을 파내는 곳으로 허가된 토지는 제외한다.

- 갈대밭, 실외에 물건을 쌓아두는 곳, 돌을 캐내는 곳, 흙을 파내는 곳, 야외시장 및 공동우물
- 변전소, 송신소, 수신소 및 송유시설 등의 부지
- 여객자동차터미널, 자동차운전학원 및 폐차장 등 자동차와 관련된 독립적인 시설물을 갖춘 부지
- 공항시설 및 항만시설 부지
- 도축장, 쓰레기처리장 및 오물처리장 등의 부지
- 그 밖에 다른 지목에 속하지 않는 토지

정답 | 09 ③ 10 ④

11 공간정보의 구축 및 관리 등에 관한 법령상 지목의 구분에 관한 설명으로 틀린 것은?

제32회

① 바닷물을 끌어들여 소금을 채취하기 위하여 조성된 토지와 이에 접속된 제염장(製鹽場) 등 부속시설물의 부지는 '염전'으로 한다. 다만, 천일제염 방식으로 하지 아니하고 동력으로 바닷물을 끌어들여 소금을 제조하는 공장시설물의 부지는 제외한다.

② 저유소(貯油所) 및 원유저장소의 부지와 이에 접속된 부속시설물의 부지는 '주유소용지'로 한다. 다만, 자동차·선박·기차 등의 제작 또는 정비공장 안에 설치된 급유·송유시설 등의 부지는 제외한다.

③ 물이 고이거나 상시적으로 물을 저장하고 있는 댐·저수지·소류지(沼溜地)·호수·연못 등의 토지와 물을 상시적으로 직접 이용하여 연(蓮)·왕골 등의 식물을 주로 재배하는 토지는 '유지'로 한다.

④ 일반 공중의 보건·휴양 및 정서생활에 이용하기 위한 시설을 갖춘 토지로서 「국토의 계획 및 이용에 관한 법률」에 따라 공원 또는 녹지로 결정·고시된 토지는 '공원'으로 한다.

⑤ 용수(用水) 또는 배수(排水)를 위하여 일정한 형태를 갖춘 인공적인 수로·둑 및 그 부속시설물의 부지와 자연의 유수(流水)가 있거나 있을 것으로 예상되는 소규모 수로부지는 '구거'로 한다.

톺아보기

물이 고이거나 상시적으로 물을 저장하고 있는 댐·저수지·소류지(沼溜地)·호수·연못 등의 토지는 '유지'로 한다. 그러나 물을 상시적으로 직접 이용하여 연(蓮)·왕골 등의 식물을 주로 재배하는 토지는 '답'으로 한다.

12 공간정보의 구축 및 관리 등에 관한 법령상 지목의 구분에 관한 설명으로 옳은 것은?

제33회

① 온수·약수·석유류 등을 일정한 장소로 운송하는 송수관·송유관 및 저장시설의 부지는 '광천지'로 한다.
② 사과·배·밤·호두·귤나무 등 과수류를 집단적으로 재배하는 토지와 이에 접속된 주거용 건축물의 부지는 '과수원'으로 한다.
③ 종교용지에 있는 유적·고적·기념물 등을 보호하기 위하여 구획된 토지는 '사적지'로 한다.
④ 물을 정수하여 공급하기 위한 취수·저수·도수(導水)·정수·송수 및 배수 시설의 부지 및 이에 접속된 부속시설물의 부지는 '수도용지'로 한다.
⑤ 교통 운수를 위하여 일정한 궤도 등의 설비와 형태를 갖추어 이용되는 토지와 이에 접속된 차고·발전시설 등 부속시설물의 부지는 '도로'로 한다.

톺아보기

오답해설

① 지하에서 온수·약수·석유류 등이 용출되는 용출구(湧出口)와 그 유지(維持)에 사용되는 부지는 '광천지'로 한다. 다만, 온수·약수·석유류 등을 일정한 장소로 운송하는 송수관·송유관 및 저장시설의 부지는 제외한다.
② 주거용 건축물의 부지는 '대'로 한다.
③ 국가유산으로 지정된 역사적인 유적·고적·기념물 등을 보존하기 위하여 구획된 토지는 '사적지'로 한다. 다만, 학교용지·공원·종교용지 등 다른 지목으로 된 토지에 있는 유적·고적·기념물 등을 보호하기 위하여 구획된 토지는 제외한다.
⑤ 교통 운수를 위하여 일정한 궤도 등의 설비와 형태를 갖추어 이용되는 토지와 이에 접속된 역사(驛舍)·차고·발전시설 및 공작창(工作廠) 등 부속시설물의 부지는 '철도용지'로 한다.

정답 | 11 ③ 12 ④

13 상**중**하

공간정보의 구축 및 관리 등에 관한 법령상 지목의 구분으로 옳은 것은? 제34회

① 온수·약수·석유류 등을 일정한 장소로 운송하는 송수관·송유관 및 저장시설의 부지는 '광천지'로 한다.
② 일반 공중의 종교의식을 위하여 예배·법요·설교·제사 등을 하기 위한 교회·사찰·향교 등 건축물의 부지와 이에 접속된 부속시설물의 부지는 '사적지'로 한다.
③ 자연의 유수(流水)가 있거나 있을 것으로 예상되는 토지는 '구거'로 한다.
④ 제조업을 하고 있는 공장시설물의 부지와 같은 구역에 있는 의료시설 등 부속시설물의 부지는 '공장용지'로 한다.
⑤ 일반 공중의 보건·휴양 및 정서생활에 이용하기 위한 시설을 갖춘 토지로서「국토의 계획 및 이용에 관한 법률」에 따라 공원 또는 녹지로 결정·고시된 토지는 '체육용지'로 한다.

톺아보기

[오답해설]
① 온수·약수·석유류 등을 일정한 장소로 운송하는 송수관·송유관 및 저장시설의 부지는 '광천지'에서 제외한다.
② 일반 공중의 종교의식을 위하여 예배·법요·설교·제사 등을 하기 위한 교회·사찰·향교 등 건축물의 부지와 이에 접속된 부속시설물의 부지는 '종교용지'로 한다.
③ 자연의 유수(流水)가 있거나 있을 것으로 예상되는 토지는 '하천'으로 한다.
⑤ 일반 공중의 보건·휴양 및 정서생활에 이용하기 위한 시설을 갖춘 토지로서「국토의 계획 및 이용에 관한 법률」에 따라 공원 또는 녹지로 결정·고시된 토지는 '공원'으로 한다.

14 상**중**하

공간정보의 구축 및 관리 등에 관한 법령상 지목과 지적도면에 등록하는 부호의 연결이 틀린 것을 모두 고른 것은? 제29회

㉠ 공원 - 공	㉡ 목장용지 - 장
㉢ 하천 - 하	㉣ 주차장 - 차
㉤ 양어장 - 어	

① ㉡, ㉢, ㉤
② ㉡, ㉣, ㉤
③ ㉢, ㉣, ㉤
④ ㉠, ㉡, ㉢, ㉣
⑤ ㉠, ㉡, ㉣, ㉤

톺아보기

지목과 부호의 연결이 틀린 것은 ⓒⓒⓓ이다.

★ 지적도·임야도에 지목을 표기하는 경우 원칙은 첫 번째 글자를 사용하나, 예외적으로 두 번째 글자를 사용하는 경우가 있다[주차장(차), 유원지(원), 공장용지(장), 하천(천)]. 그러므로 목장용지는 '목', 하천은 '천', 양어장은 '양'으로 표기한다.

더 알아보기

지목의 표기방법

토지대장·임야대장	정식명칭과 코드번호를 함께 등록
지적도·임야도	• 원칙: 두문자주의 • 예외: 차문자주의 ⇨ 주차장(차), 유원지(원), 공장용지(장), 하천(천)

---

15 공간정보의 구축 및 관리 등에 관한 법령상 지목을 지적도에 등록하는 때에 표기하는 부호로서 옳은 것은?   제30회

① 광천지 – 천
② 공장용지 – 공
③ 유원지 – 유
④ 제방 – 제
⑤ 도로 – 로

톺아보기

제방은 지적도·임야도에 '제'로 표기한다.

오답해설
① 광천지는 '광', ② 공장용지는 '장', ③ 유원지는 '원', ⑤ 도로는 '도'로 표기한다.

16 공간정보의 구축 및 관리 등에 관한 법령상 지상 경계의 결정기준으로 옳은 것은? (단, 지상 경계의 구획을 형성하는 구조물 등의 소유자가 다른 경우는 제외함)

제32회

① 연접되는 토지간에 높낮이 차이가 있는 경우: 그 구조물 등의 하단부
② 공유수면매립지의 토지 중 제방 등을 토지에 편입하여 등록하는 경우: 그 경사면의 하단부
③ 도로 · 구거 등의 토지에 절토(땅깎기)된 부분이 있는 경우: 바깥쪽 어깨부분
④ 토지가 해면 또는 수면에 접하는 경우: 최소만조위 또는 최소만수위가 되는 선
⑤ 연접되는 토지간에 높낮이 차이가 없는 경우: 그 구조물 등의 상단부

톺아보기

오답해설
② 공유수면매립지의 토지 중 제방 등을 토지에 편입하여 등록하는 경우: 바깥쪽 어깨부분
③ 도로 · 구거 등의 토지에 절토(땅깎기)된 부분이 있는 경우: 그 경사면의 상단부
④ 토지가 해면 또는 수면에 접하는 경우: 최대만조위 또는 최대만수위가 되는 선
⑤ 연접되는 토지간에 높낮이 차이가 없는 경우: 그 구조물 등의 중앙부

더 알아보기

지상 경계 결정기준(영 제55조 제1항 · 제2항)
1. 연접되는 토지간에 높낮이 차이가 없는 경우: 그 구조물 등의 중앙부
2. 연접되는 토지간에 높낮이 차이가 있는 경우: 그 구조물 등의 하단부
3. 도로 · 구거 등의 토지에 절토(땅깎기)된 부분이 있는 경우: 그 경사면의 상단부
4. 토지가 해면 또는 수면에 접하는 경우: 최대만조위 또는 최대만수위가 되는 선
5. 공유수면매립지의 토지 중 제방 등을 토지에 편입하여 등록하는 경우: 바깥쪽 어깨부분

⊙ 지상 경계의 구획을 형성하는 구조물 등의 소유자가 다른 경우에는 위 1.~3.까지의 규정에도 불구하고 그 소유권에 따라 지상 경계를 결정한다.

17 공간정보의 구축 및 관리 등에 관한 법령상 지상 경계의 구분 및 결정기준 등에 관한 설명으로 틀린 것은?

상중하   제27회

① 토지의 지상 경계는 둑, 담장이나 그 밖에 구획의 목표가 될 만한 구조물 및 경계점표지 등으로 구분한다.
② 토지가 해면 또는 수면에 접하는 경우 평균해수면이 되는 선을 지상 경계의 결정기준으로 한다.
③ 분할에 따른 지상 경계는 지상건축물을 걸리게 결정해서는 아니 된다. 다만, 법원의 확정판결이 있는 경우에는 그러하지 아니하다.
④ 매매 등을 위하여 토지를 분할하려는 경우 지상경계점에 경계점표지를 설치하여 측량할 수 있다.
⑤ 공유수면매립지의 토지 중 제방 등을 토지에 편입하여 등록하는 경우 바깥쪽 어깨부분을 지상 경계의 결정기준으로 한다.

톺아보기

② 토지가 해면 또는 수면에 접하는 경우에는 최대만조위 또는 최대만수위가 되는 선을 기준으로 한다(영 제55조).
★ ③ 분할에 따른 지상 경계는 지상건축물을 걸리게 결정해서는 아니 된다. 다만, 법원의 확정판결이 있는 경우에는 그러하지 아니하다.

더 알아보기

분할에 따른 지상 경계의 결정(영 제55조 제4항)

1. 분할에 따른 지상 경계는 지상건축물을 걸리게 결정해서는 아니 된다.
2. 그러나 다음의 어느 하나에 해당하는 경우에는 그렇지 않다.
   - 법원의 확정판결이 있는 경우
   - 공공사업으로 인하여 학교용지·도로·철도용지·제방·하천·구거·유지·수도용지 등의 지목으로 되는 토지를 분할하려는 경우
   - 도시개발사업 등의 사업시행자가 사업지구의 경계를 결정하기 위하여 토지를 분할하려는 경우
   - 「국토의 계획 및 이용에 관한 법률」에 따른 도시·군관리계획 결정고시와 같은 법률에 따른 지형도면 고시가 된 지역의 도시·군관리계획선에 따라 토지를 분할하려는 경우

정답 | 16 ① 17 ②

18. 공간정보의 구축 및 관리 등에 관한 법령상 지상 경계의 구분 및 결정기준 등에 관한 설명으로 틀린 것은?

제29회

① 토지의 지상 경계는 둑, 담장이나 그 밖에 구획의 목표가 될 만한 구조물 및 경계점표지 등으로 구분한다.
② 지적소관청은 토지의 이동에 따라 지상 경계를 새로 정한 경우에는 경계점 위치 설명도 등을 등록한 경계점좌표등록부를 작성·관리하여야 한다.
③ 도시개발사업 등의 사업시행자가 사업지구의 경계를 결정하기 위하여 토지를 분할하려는 경우에는 지상경계점에 경계점표지를 설치하여 측량할 수 있다.
④ 토지가 수면에 접하는 경우 지상 경계의 결정기준은 최대만수위가 되는 선으로 한다.
⑤ 공유수면매립지의 토지 중 제방 등을 토지에 편입하여 등록하는 경우 지상 경계의 결정기준은 바깥쪽 어깨부분으로 한다.

톺아보기

★ 지적소관청은 토지의 이동에 따라 지상 경계를 새로 정한 경우에는 경계점 위치 설명도 등을 등록한 지상경계점등록부를 작성·관리하여야 한다(법 제65조 제2항). 경계점좌표등록부가 아니라 지상경계점등록부이다.

19. 공간정보의 구축 및 관리 등에 관한 법령상 지상경계점등록부의 등록사항으로 틀린 것은?

제34회

① 지적도면의 번호 ② 토지의 소재
③ 공부상 지목과 실제 토지이용 지목 ④ 경계점의 사진 파일
⑤ 경계점표지의 종류 및 경계점 위치

톺아보기

지상경계점등록부에는 토지의 소재와 지번, 경계점의 사진 파일, 경계점표지의 종류 및 경계점 위치, 공부상 지목과 실제 토지이용 지목은 등록하지만, 지적도면의 번호는 등록하지 아니한다(규칙 제60조 제2항).

> **더 알아보기**

지상경계점등록부 등록사항(법 제65조 제2항, 규칙 제60조 제2항)
- 토지의 소재
- 지번
- 경계점 좌표(경계점좌표등록부 시행지역에 한정)
- 경계점 위치 설명도
- 공부상 지목과 실제 토지이용 지목
- 경계점의 사진 파일
- 경계점표지의 종류 및 경계점 위치

20 공간정보의 구축 및 관리 등에 관한 법령상 지상경계 및 지상경계점등록부 등에 관한 설명으로 틀린 것은?
제35회

① 지적공부에 등록된 경계점을 지상에 복원하는 경우에는 지상경계점등록부를 작성·관리하여야 한다.
② 토지의 지상경계는 둑, 담장이나 그 밖에 구획의 목표가 될 만한 구조물 및 경계점표지 등으로 구분한다.
③ 지상경계의 구획을 형성하는 구조물 등의 소유자가 다른 경우에는 그 소유권에 따라 지상경계를 결정한다.
④ 경계점 좌표는 경계점좌표등록부 시행지역의 지상경계점등록부의 등록사항이다.
⑤ 토지의 소재, 지번, 공부상 지목과 실제 토지이용 지목, 경계점의 사진 파일은 지상경계점등록부의 등록사항이다.

톺아보기

지적소관청은 토지의 이동에 따라 지상경계를 새로 정한 경우에는 지상경계점등록부를 작성·관리하여야 한다(법 제65조 제2항).

정답 | 18 ② 19 ① 20 ①

21 지적공부에 등록하는 면적에 관한 설명으로 틀린 것은?

제25회

① 면적은 토지대장 및 경계점좌표등록부의 등록사항이다.
② 지적도의 축척이 600분의 1인 지역의 토지 면적은 제곱미터 이하 한 자리 단위로 한다.
③ 지적도의 축척이 1,200분의 1인 지역의 1필지 면적이 1제곱미터 미만일 때에는 1제곱미터로 한다.
④ 임야도의 축척이 6,000분의 1인 지역의 1필지 면적이 1제곱미터 미만일 때에는 1제곱미터로 한다.
⑤ 경계점좌표등록부에 등록하는 지역의 1필지 면적이 0.1제곱미터 미만일 때에는 0.1제곱미터로 한다.

톺아보기

면적은 토지대장 및 임야대장의 등록사항이며, 경계점좌표등록부의 등록사항은 아니다.

더 알아보기
면적의 결정

도면	축척	최소단위	단수처리기준 및 단수처리
지적도	• 경계점좌표등록부 시행지역 • 1/600	0.1m²	• 0.05 초과: 올림 • 0.05: 앞자리가 홀수 ⇨ 올림 　　　　앞자리가 0 또는 짝수 ⇨ 버림 • 0.05 미만: 버림
지적도	• 1/1,000 • 1/1,200 • 1/2,400 • 1/3,000 • 1/6,000	1m²	• 0.5 초과: 올림 • 0.5: 앞자리가 홀수 ⇨ 올림 　　　앞자리가 0 또는 짝수 ⇨ 버림 • 0.5 미만: 버림
임야도	• 1/3,000 • 1/6,000		

지적도의 축척이 1/600인 지역과 경계점좌표등록부에 등록하는 지역의 1필지 면적이 0.1m² 미만일 때에는 0.1m²로 하며, 그 외 지역의 1필지 면적이 1m² 미만일 때에는 1m²로 한다.

22

공간정보의 구축 및 관리 등에 관한 법령상 지적도의 축척이 600분의 1인 지역에서 신규등록할 1필지의 면적을 측정한 값이 145.450㎡인 경우 토지대장에 등록하는 면적의 결정으로 옳은 것은?

제34회

① 145㎡
② 145.4㎡
③ 145.45㎡
④ 145.5㎡
⑤ 146㎡

톺아보기

축척이 1/600인 지역일 경우, 면적의 최소등록단위가 0.1이므로 145.4는 우선적으로 등록이 된다. 끝수처리의 경우에 0.050은 0.05로 끝난 경우이며, 앞의 숫자가 4인 짝수이므로 0.050은 버린다. 따라서 145.4㎡로 등록한다.

23

공간정보의 구축 및 관리 등에 관한 법령상 지적도의 축척이 600분의 1인 지역에서 신규등록할 1필지의 면적을 계산한 값이 0.050㎡이었다. 토지대장에 등록하는 면적의 결정으로 옳은 것은?

제30회

① 0.01㎡
② 0.05㎡
③ 0.1㎡
④ 0.5㎡
⑤ 1.0㎡

톺아보기

★ 지적도의 축척이 1/600인 지역과 경계점좌표등록부 시행지역인 경우에 1필지의 면적이 0.1㎡ 미만인 때에는 0.1㎡로 한다.

정답 | 21 ① 22 ② 23 ③

24 공간정보의 구축 및 관리 등에 관한 법령상 토지의 등록 등에 관한 설명으로 옳은 것은?

제28회

① 지적공부에 등록하는 지번·지목·면적·경계 또는 좌표는 토지의 이동이 있을 때 토지소유자의 신청을 받아 지적소관청이 결정하되, 신청이 없으면 지적소관청이 직권으로 조사·측량하여 결정할 수 있다.
② 지적소관청은 토지의 이용현황을 직권으로 조사·측량하여 토지의 지번·지목·면적·경계 또는 좌표를 결정하려는 때에는 토지이용계획을 수립하여야 한다.
③ 토지소유자가 지번을 변경하려면 지번변경 사유와 지번변경 대상토지의 지번·지목·면적에 대한 상세한 내용을 기재하여 지적소관청에 신청하여야 한다.
④ 지적소관청은 토지가 일시적 또는 임시적인 용도로 사용되는 경우로서 토지소유자의 신청이 있는 경우에는 지목을 변경할 수 있다.
⑤ 지적도의 축척이 600분의 1인 지역과 경계점좌표등록부에 등록하는 지역의 1필지 면적이 1제곱미터 미만일 때에는 1제곱미터로 한다.

톺아보기

오답해설

★ ② 지적소관청은 토지의 이동현황을 직권으로 조사·측량하여 토지의 지번·지목·면적·경계 또는 좌표를 결정하려는 때에는 토지이동현황 조사계획을 수립하여야 한다.
③ 지번변경은 토지소유자의 신청사항이 아니라 지적소관청의 권한이다.
④ 토지의 일시적, 임시적 용도의 변경은 지목변경의 대상이 아니다.
⑤ 지적도의 축척이 600분의 1인 지역과 경계점좌표등록부에 등록하는 지역의 토지 면적은 제곱미터 이하 한 자리 단위로 한다.

정답 | 24 ①

제3장 / 지적공부

01 공간정보의 구축 및 관리 등에 관한 법령상 지적공부와 등록사항의 연결이 옳은 것은?

제31회

① 토지대장 – 경계와 면적
② 임야대장 – 건축물 및 구조물 등의 위치
③ 공유지연명부 – 소유권 지분과 토지의 이동 사유
④ 대지권등록부 – 대지권 비율과 지목
⑤ 토지대장·임야대장·공유지연명부·대지권등록부 – 토지소유자가 변경된 날과 그 원인

톺아보기

오답해설
① 토지대장에 면적은 등록하지만, 경계는 등록하지 아니한다.
② 임야대장에 건축물 및 구조물 등의 위치는 등록하지 아니한다.
③ 공유지연명부에 소유권 지분은 등록하지만, 토지의 이동 사유는 등록하지 아니한다.
④ 대지권등록부에 대지권 비율은 등록하지만, 지목은 등록하지 아니한다.

정답 | 01 ⑤

02 공간정보의 구축 및 관리 등에 관한 법령상 지적공부와 등록사항의 연결이 옳은 것은?

제35회

① 토지대장 – 지목, 면적, 경계
② 경계점좌표등록부 – 지번, 토지의 고유번호, 지적도면의 번호
③ 공유지연명부 – 지번, 지목, 소유권 지분
④ 대지권등록부 – 좌표, 건물의 명칭, 대지권 비율
⑤ 지적도 – 삼각점 및 지적기준점의 위치, 도곽선(圖郭線)과 그 수치, 부호 및 부호도

톺아보기

[오답해설]
① 토지대장에 경계는 등록하지 아니한다.
③ 공유지연명부에 지목은 등록하지 아니한다.
④ 대지권등록부에 좌표는 등록하지 아니한다.
⑤ 지적도에 부호 및 부호도는 등록하지 아니한다.

03  공간정보의 구축 및 관리 등에 관한 법령상 공유지연명부와 대지권등록부의 공통 등록사항을 모두 고른 것은? 제32회

> ㉠ 지번
> ㉡ 소유권 지분
> ㉢ 소유자의 성명 또는 명칭, 주소 및 주민등록번호
> ㉣ 토지의 고유번호
> ㉤ 토지소유자가 변경된 날과 그 원인

① ㉠, ㉡, ㉢
② ㉠, ㉡, ㉣, ㉤
③ ㉠, ㉢, ㉣, ㉤
④ ㉡, ㉢, ㉣, ㉤
⑤ ㉠, ㉡, ㉢, ㉣, ㉤

톺아보기

㉠㉡㉢㉣㉤ 모두 공유지연명부와 대지권등록부의 등록사항이다.

더 알아보기

대장의 등록사항

구분	등록사항	
토지대장 · 임야대장	• 토지의 소재 • 지목(코드번호와 정식명칭) • 토지이동의 사유 • 소유자의 성명 또는 명칭·주소·주민등록번호 • 토지의 고유번호 • 축척 • 개별공시지가와 그 기준일	• 지번 • 면적 • 토지소유자가 변경된 날과 그 원인 • 주민등록번호(부동산등기용등록번호) • 도면번호와 필지별 대장의 장번호 • 토지등급, 기준수확량등급
공유지연명부	• 토지의 소재 • 토지의 고유번호 • 토지소유자가 변경된 날과 원인	• 지번 • 소유자의 성명 또는 명칭·주소·주민등록번호 • 소유권 지분 등
대지권등록부	• 토지의 소재 • 토지의 고유번호 • 토지소유자가 변경된 날과 원인 • 건물의 명칭 • 대지권 비율 등	• 지번 • 소유자의 성명 또는 명칭·주소·주민등록번호 • 소유권 지분 • 전유부분의 건물표시 • 집합건물별 대지권등록부의 장번호

• 토지의 소재와 지번은 모든 지적공부의 공통된 등록사항이다.
• 토지의 고유번호는 지적도면에만 등록하지 아니한다.

정답 | 02 ② 03 ⑤

04 ☐☐☐ 공간정보의 구축 및 관리 등에 관한 법령상 대지권등록부의 등록사항만으로 나열된 것이 아닌 것은?
상 **중** 하
제33회

① 지번, 지목
② 토지의 소재, 토지의 고유번호
③ 대지권 비율, 전유부분(專有部分)의 건물표시
④ 소유권 지분, 토지소유자가 변경된 날과 그 원인
⑤ 건물의 명칭, 집합건물별 대지권등록부의 장번호

톺아보기

지목은 대지권등록부의 등록사항에 포함되지 아니한다.

더 알아보기

대지권등록부의 등록사항

토지의 소재, 지번, 대지권 비율, 소유자의 성명 또는 명칭, 주소 및 주민등록번호, 토지의 고유번호, 전유부분의 건물표시, 건물의 명칭, 집합건물별 대지권등록부의 장번호, 토지소유자가 변경된 날과 그 원인, 소유권 지분(법 제71조 제3항, 규칙 제68조 제4항)

05 ☐☐☐ 공간정보의 구축 및 관리 등에 관한 법령상 임야도의 축척에 해당하는 것을 모두 고른 것은?
상 중 **하**
제32회

㉠ 1/2,000
㉡ 1/2,400
㉢ 1/3,000
㉣ 1/6,000
㉤ 1/50,000

① ㉠, ㉢
② ㉢, ㉣
③ ㉠, ㉡, ㉤
④ ㉡, ㉢, ㉣
⑤ ㉡, ㉢, ㉣, ㉤

톺아보기

지적도면의 축척은 지적도는 1/500, 1/600, 1/1,000, 1/1,200, 1/2,400, 1/3,000, 1/6,000, 임야도는 1/3,000, 1/6,000의 구분에 따른다(규칙 제69조 제6항).

06 상중하

공간정보의 구축 및 관리 등에 관한 법령상 지적도와 임야도의 축척 중에서 공통된 것으로 옳은 것은?

제35회

① 1/1,200, 1/2,400
② 1/1,200, 1/3,000
③ 1/2,400, 1/3,000
④ 1/2,400, 1/6,000
⑤ 1/3,000, 1/6,000

톺아보기

지적도와 임야도의 공통된 축척은 1/3,000, 1/6,000 두 가지이다.

07 상중하

공간정보의 구축 및 관리 등에 관한 법령상 경계점좌표등록부를 갖춰 두는 지역의 지적공부 및 토지의 등록 등에 관한 설명으로 틀린 것은?

제28회

① 지적도에는 해당 도면의 제명 앞에 '(수치)'라고 표시하여야 한다.
② 지적도에는 도곽선의 오른쪽 아래 끝에 '이 도면에 의하여 측량을 할 수 없음'이라고 적어야 한다.
③ 토지 면적은 제곱미터 이하 한 자리 단위로 결정하여야 한다.
④ 면적 측정 방법은 좌표면적계산법에 의한다.
⑤ 경계점좌표등록부를 갖춰 두는 토지는 지적확정측량 또는 축척변경을 위한 측량을 실시하여 경계점을 좌표로 등록한 지역의 토지로 한다.

톺아보기

★ 경계점좌표등록부를 갖춰 두는 지역의 지적도에는 해당 도면의 제명 끝에 '(좌표)'라고 표시하고, 도곽선의 오른쪽 아래 끝에 '이 도면에 의하여 측량을 할 수 없음'이라고 적어야 한다(규칙 제69조 제3항).

정답 | 04 ① 05 ② 06 ⑤ 07 ①

08 공간정보의 구축 및 관리 등에 관한 법령상 지적도 및 임야도의 등록사항을 모두 고른 것은?
제32회

> ㉠ 토지의 소재
> ㉡ 좌표에 의하여 계산된 경계점간의 거리(경계점좌표등록부를 갖춰 두는 지역으로 한정)
> ㉢ 삼각점 및 지적기준점의 위치
> ㉣ 건축물 및 구조물 등의 위치
> ㉤ 도곽선(圖廓線)과 그 수치

① ㉠, ㉢, ㉣
② ㉡, ㉢, ㉤
③ ㉡, ㉣, ㉤
④ ㉠, ㉡, ㉢, ㉤
⑤ ㉠, ㉡, ㉢, ㉣, ㉤

톺아보기

㉠㉡㉢㉣㉤ 모두 지적도면의 등록사항에 해당한다.

더 알아보기

지적도면과 경계점좌표등록부의 등록사항

구분	등록사항

지적도 및 임야도	• 토지의 소재 • 지번
	• 지목(부호) • 경계
	• 도면의 색인도 • 도면의 제명 및 축척
	• 도곽선과 그 수치 • 삼각점 및 지적측량기준점의 위치
	• 적법한 건축물 및 구조물 등의 위치
	🔍 경계점좌표등록부 시행지역의 지적도의 특칙
	  1. 도면의 제명 끝에 '(좌표)'라고 표시
	  2. 좌표에 의하여 계산된 경계점간 거리 등록
	  3. 도곽선 오른쪽 아래 끝에 '이 도면에 의하여 측량할 수 없음'을 기재

경계점좌표등록부	• **의의**: 대장형식의 도면 • **시행지역**: 지적확정측량과 축척변경을 위한 측량을 실시한 지역 • **등록사항**: 토지의 소재, 지번, 토지의 고유번호, 좌표, 부호도 및 부호, 필지별 경계점좌표등록부의 장번호 등

09 공간정보의 구축 및 관리 등에 관한 법령상 경계점좌표등록부의 등록사항으로 옳은 것만 나열한 것은?
제27회

① 지번, 토지의 이동 사유
② 토지의 고유번호, 부호 및 부호도
③ 경계, 삼각점 및 지적기준점의 위치
④ 좌표, 건축물 및 구조물 등의 위치
⑤ 면적, 필지별 경계점좌표등록부의 장번호

톺아보기

오답해설
① 토지의 이동 사유는 등록사항이 아니다.
③ 경계와 삼각점 및 지적기준점의 위치는 등록사항이 아니다.
④ 건축물 및 구조물의 위치는 등록사항이 아니다.
⑤ 면적은 등록사항이 아니다.

더 알아보기

경계점좌표등록부의 등록사항(법 제73조, 규칙 제71조 제3항)
- 토지의 소재
- 지번
- 좌표
- 토지의 고유번호
- 지적도면의 번호
- 필지별 경계점좌표등록부의 장번호
- 부호 및 부호도

정답 | 08 ⑤ 09 ②

10. 공간정보의 구축 및 관리 등에 관한 법령상 대지권등록부와 경계점좌표등록부의 공통 등록사항을 모두 고른 것은? 제34회

㉠ 지번
㉡ 소유자의 성명 또는 명칭
㉢ 토지의 소재
㉣ 토지의 고유번호
㉤ 지적도면의 번호

① ㉠, ㉢, ㉣
② ㉢, ㉣, ㉤
③ ㉠, ㉡, ㉢, ㉣
④ ㉠, ㉡, ㉢, ㉤
⑤ ㉠, ㉡, ㉣, ㉤

톺아보기

토지의 소재(㉢)와 지번(㉠)은 모든 지적공부의 등록사항이다. 토지의 고유번호(㉣)는 도면에만 등록하지 아니한다.

11. 공간정보의 구축 및 관리 등에 관한 법령상 지적도면 등의 등록사항 등에 관한 설명으로 틀린 것은? 제29회

① 지적소관청은 지적도면의 관리에 필요한 경우에는 지번부여지역마다 일람도와 지번색인표를 작성하여 갖춰 둘 수 있다.
② 지적도면의 축척은 지적도 7종, 임야도 2종으로 구분한다.
③ 지적도면의 색인도, 건축물 및 구조물 등의 위치는 지적도면의 등록사항에 해당한다.
④ 경계점좌표등록부를 갖춰 두는 지역의 임야도에는 해당 도면의 제명 끝에 '(좌표)'라고 표시하고, 도곽선의 오른쪽 아래 끝에 '이 도면에 의하여 측량을 할 수 없음'이라고 적어야 한다.
⑤ 지적도면에는 지적소관청의 직인을 날인하여야 한다. 다만, 정보처리시스템을 이용하여 관리하는 지적도면의 경우에는 그러하지 아니하다.

톺아보기

경계점좌표등록부를 갖춰 두는 지역의 지적도에는 해당 도면의 제명 끝에 '(좌표)'라고 표시하고, 도곽선의 오른쪽 아래 끝에 '이 도면에 의하여 측량을 할 수 없음'이라고 적어야 한다.

12

경계점좌표등록부를 갖춰 두는 지역의 지적도가 아래와 같은 경우 이에 관한 설명으로 옳은 것은?

제21회

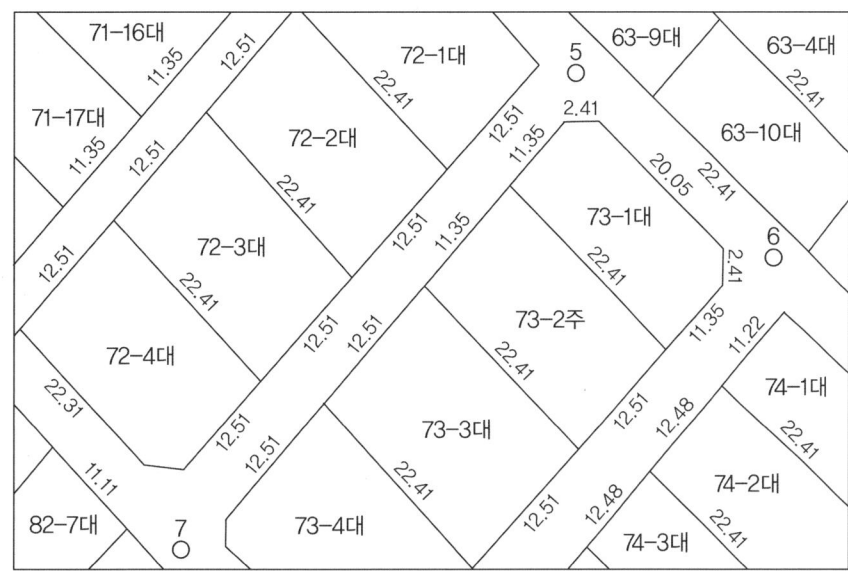

① 73-2에 대한 면적측정은 전자면적측정기에 의한다.
② 73-2의 경계선상에 등록된 '22.41'은 좌표에 의하여 계산된 경계점간의 거리를 나타낸다.
③ 73-2에 대한 경계복원측량은 본 도면으로 실시하여야 한다.
④ 73-2에 대한 토지면적은 경계점좌표등록부에 등록한다.
⑤ 73-2에 대한 토지지목은 '주차장'이다.

톺아보기

오답해설

① 좌표면적계산법에 의한다.
③ 73-2에 대한 경계복원측량은 본 도면으로 할 수 없다. 경계점좌표등록부에 기록된 좌표에 의하여야 한다.
④ 경계점좌표등록부에 면적은 등록하지 아니한다. 토지면적은 토지대장에 등록한다.
⑤ '주'는 '주유소용지'이다. '주차장'은 '차'로 표기한다.

정답 | 10 ① 11 ④ 12 ②

13 공간정보의 구축 및 관리 등에 관한 법령상 지적공부의 보존 등에 관한 설명으로 옳은 것을 모두 고른 것은?

제32회

㉠ 지적서고는 지적사무를 처리하는 사무실과 연접(連接)하여 설치하여야 한다.
㉡ 지적소관청은 천재지변이나 그 밖에 이에 준하는 재난을 피하기 위하여 필요한 경우에는 지적공부를 해당 청사 밖으로 반출할 수 있다.
㉢ 지적공부를 정보처리시스템을 통하여 기록 저장한 경우 관할 시 도지사, 시장 군수 또는 구청장은 그 지적공부를 지적정보관리체계에 영구히 보존하여야 한다.
㉣ 카드로 된 토지대장 임야대장 등은 200장 단위로 바인더(binder)에 넣어 보관하여야 한다.

① ㉠, ㉢
② ㉡, ㉣
③ ㉢, ㉣
④ ㉠, ㉡, ㉢
⑤ ㉠, ㉡, ㉣

톺아보기

옳은 것은 ㉠㉡㉢이다.
㉣ 카드로 된 토지대장·임야대장 등은 100장 단위로 바인더(binder)에 넣어 보관하여야 한다(규칙 제66조 제1항).

더 알아보기

지적공부의 보존 및 열람

구분	가시적 지적공부	불가시적 지적공부
보존	지적소관청은 해당 청사에 지적서고를 설치하고 지적공부를 영구히 보존	관할 시·도지사, 시장·군수 또는 구청장은 지적정보관리체계에 영구히 보존
반출	• 천재지변 등 • 관할 시·도지사 또는 대도시 시장의 승인	–
열람 및 등본의 발급	해당 지적소관청에 신청	특별자치시장, 시장·군수, 구청장이나 읍·면·동장에게 신청(지적도·임야도는 제외)

14 공간정보의 구축 및 관리 등에 관한 법령상 지적공부의 열람 및 등본 발급, 부동산 종합공부의 등록사항 및 열람·증명서 발급 등에 관한 설명으로 틀린 것은? 제30회

① 정보처리시스템을 통하여 기록·저장된 지적공부(지적도 및 임야도는 제외한다)를 열람하거나 그 등본을 발급받으려는 경우에는 시·도지사, 시장·군수 또는 구청장이나 읍·면·동의 장에게 신청할 수 있다.
② 지적소관청은 부동산종합공부에 「공간정보의 구축 및 관리 등에 관한 법률」에 따른 지적공부의 내용에서 토지의 표시와 소유자에 관한 사항을 등록하여야 한다.
③ 부동산종합공부를 열람하거나 부동산종합공부 기록사항에 관한 증명서를 발급받으려는 자는 지적공부·부동산종합공부 열람·발급 신청서(전자문서로 된 신청서를 포함한다)를 지적소관청 또는 읍·면·동장에게 제출하여야 한다.
④ 지적소관청은 부동산종합공부에 「토지이용규제 기본법」 제10조에 따른 토지이용계획확인서의 내용에서 토지의 이용 및 규제에 관한 사항을 등록하여야 한다.
⑤ 지적소관청은 부동산종합공부에 「건축법」 제38조에 따른 건축물대장의 내용에서 건축물의 표시와 소유자에 관한 사항(토지에 건축물이 있는 경우만 해당한다)을 등록하여야 한다.

톺아보기

★ 정보처리시스템을 통하여 기록·저장된 지적공부(지적도 및 임야도는 제외)를 열람하거나 그 등본을 발급받고자 하는 자는 특별자치시장, 시장·군수 또는 구청장이나 읍·면·동의 장에게 신청할 수 있다.

정답 | 13 ④ 14 ①

15 부동산종합공부에 관한 설명으로 틀린 것은?
제25회

① 지적소관청은 부동산의 효율적 이용과 부동산과 관련된 정보의 종합적 관리·운영을 위하여 부동산종합공부를 관리·운영한다.
② 지적소관청은 부동산종합공부를 영구히 보존하여야 하며, 멸실 또는 훼손에 대비하여 이를 별도로 복제하여 관리하는 정보관리체계를 구축하여야 한다.
③ 지적소관청은 부동산종합공부의 불일치 등록사항에 대하여는 등록사항을 정정하고, 등록사항을 관리하는 기관의 장에게 그 내용을 통지하여야 한다.
④ 지적소관청은 부동산종합공부의 정확한 등록 및 관리를 위하여 필요한 경우에는 부동산종합공부의 등록사항을 관리하는 기관의 장에게 관련 자료의 제출을 요구할 수 있다.
⑤ 부동산종합공부의 등록사항을 관리하는 기관의 장은 지적소관청에 상시적으로 관련 정보를 제공하여야 한다.

톺아보기

★ 지적소관청은 부동산종합공부의 불일치 등록사항에 대해서는 등록사항을 관리하는 기관의 장에게 그 내용을 통지하여 등록사항 정정을 요청할 수 있다.

더 알아보기

부동산종합공부의 등록사항 정정 등(영 제62조의3)
- 지적소관청은 부동산종합공부의 등록사항 정정을 위하여 부동산종합공부의 등록사항 상호간에 일치하지 아니하는 사항(이하 '불일치 등록사항'이라 함)을 확인 및 관리하여야 한다.
- 지적소관청은 부동산종합공부의 불일치 등록사항에 대해서는 등록사항을 관리하는 기관의 장에게 그 내용을 통지하여 등록사항 정정을 요청할 수 있다.
- 토지소유자는 부동산종합공부의 등록사항 정정을 지적소관청에 신청할 수 있다.

16 공간정보의 구축 및 관리 등에 관한 법령상 부동산종합공부에 관한 설명으로 <u>틀린</u> 것은?

제32회

① 지적소관청은 「건축법」 제38조에 따른 건축물대장의 내용에서 건축물의 표시와 소유자에 관한 사항(토지에 건축물이 있는 경우만 해당)을 부동산종합공부에 등록하여야 한다.
② 지적소관청은 「부동산등기법」 제48조에 따른 부동산의 권리에 관한 사항을 부동산종합공부에 등록하여야 한다.
③ 지적소관청은 부동산의 효율적 이용과 부동산과 관련된 정보의 종합적 관리·운영을 위하여 부동산종합공부를 관리·운영한다.
④ 지적소관청은 부동산종합공부를 영구히 보존하여야 하며, 부동산종합공부의 멸실 또는 훼손에 대비하여 이를 별도로 복제하여 관리하는 정보관리체계를 구축하여야 한다.
⑤ 부동산종합공부를 열람하려는 자는 지적소관청이나 읍·면·동의 장에게 신청할 수 있으며, 부동산종합공부 기록사항의 전부 또는 일부에 관한 증명서를 발급받으려는 자는 시·도지사에게 신청하여야 한다.

톺아보기

부동산종합공부를 열람하거나 부동산종합공부 기록사항의 전부 또는 일부에 관한 증명서를 발급받으려는 자는 지적소관청이나 읍·면·동의 장에게 신청할 수 있다(법 제76조의4 제1항).

정답 | 15 ③ 16 ⑤

17 공간정보의 구축 및 관리 등에 관한 법령상 지적공부의 복구에 관한 관계 자료에 해당하는 것을 모두 고른 것은?   제35회

> ㉠ 측량 결과도
> ㉡ 법원의 확정판결서 정본 또는 사본
> ㉢ 토지(건물)등기사항증명서 등 등기사실을 증명하는 서류
> ㉣ 지적소관청이 작성하거나 발행한 지적공부의 등록내용을 증명하는 서류

① ㉠, ㉡
② ㉡, ㉢
③ ㉢, ㉣
④ ㉡, ㉢, ㉣
⑤ ㉠, ㉡, ㉢, ㉣

톺아보기

모두 지적공부의 복구자료에 해당한다.

더 알아보기

지적공부의 복구자료(규칙 제72조, 영 제61조 제1항)

토지의 표시에 관한 사항	• 지적공부의 등본 • 측량결과도 • 토지이동정리 결의서 • 토지(건물)등기사항증명서 등 등기사실을 증명하는 서류 • 지적소관청이 작성하거나 발행한 지적공부의 등록내용을 증명하는 서류 • 법 제69조 제3항에 따라 복제된 지적공부 • 법원의 확정판결서 정본 또는 사본
소유자에 관한 사항	• 부동산등기부 • 법원의 확정판결

18 공간정보의 구축 및 관리 등에 관한 법령상 지적공부(정보처리시스템을 통하여 기록·저장한 경우는 제외)의 복구에 관한 설명으로 틀린 것은? 제28회

① 지적소관청은 지적공부의 전부 또는 일부가 멸실되거나 훼손된 경우에는 지체 없이 이를 복구하여야 한다.
② 지적공부를 복구할 때 소유자에 관한 사항은 부동산등기부나 법원의 확정판결에 따라 복구하여야 한다.
③ 토지이동정리 결의서는 지적공부의 복구에 관한 관계 자료에 해당한다.
④ 복구자료도에 따라 측정한 면적과 지적복구자료조사서의 조사된 면적의 증감이 허용범위를 초과하는 경우에는 복구측량을 하여야 한다.
⑤ 지적소관청이 지적공부를 복구하려는 경우에는 해당 토지의 소유자에게 지적공부의 복구신청을 하도록 통지하여야 한다.

톺아보기

★ 지적소관청(정보처리시스템을 통하여 기록·저장한 지적공부의 경우에는 시·도지사, 시장·군수 또는 구청장)은 지적공부의 전부 또는 일부가 멸실되거나 훼손된 경우에는 지체 없이 이를 복구하여야 한다(법 제74조).

더 알아보기

지적공부의 복구절차

복구자료의 조사 ⇨ 복구자료조사서 및 복구자료도의 작성 ⇨ 지적공부의 복구측량 ⇨ 측량결과의 게시(15일 이상) ⇨ 이의신청 ⇨ 지적공부의 복구

정답 | 17 ⑤ 18 ⑤

19 공간정보의 구축 및 관리 등에 관한 법령상 지적공부의 복구 및 복구절차 등에 관한 설명으로 틀린 것은?

제31회

① 지적소관청(정보처리시스템을 통하여 기록·저장한 지적공부의 경우에는 시·도지사, 시장·군수 또는 구청장)은 지적공부의 전부 또는 일부가 멸실되거나 훼손된 경우에는 지체 없이 이를 복구하여야 한다.
② 지적공부를 복구할 때에는 멸실·훼손 당시의 지적공부와 가장 부합된다고 인정되는 관계 자료에 따라 토지의 표시에 관한 사항을 복구하여야 한다. 다만, 소유자에 관한 사항은 부동산등기부나 법원의 확정판결에 따라 복구하여야 한다.
③ 지적공부의 등본, 개별공시지가 자료, 측량신청서 및 측량준비도, 법원의 확정판결서 정본 또는 사본은 지적공부의 복구자료이다.
④ 지적소관청은 조사된 복구자료 중 토지대장·임야대장 및 공유지연명부의 등록내용을 증명하는 서류 등에 따라 지적복구자료조사서를 작성하고, 지적도면의 등록내용을 증명하는 서류 등에 따라 복구자료도를 작성하여야 한다.
⑤ 복구자료도에 따라 측정한 면적과 지적복구자료조사서의 조사된 면적의 증감이 오차의 허용범위를 초과하거나 복구자료도를 작성할 복구자료가 없는 경우에는 복구측량을 하여야 한다.

톺아보기

지적공부의 등본, 개별공시지가 자료, 법원의 확정판결서 정본 또는 사본은 지적공부의 복구자료에 해당하지만, 측량신청서 및 측량준비도는 지적공부의 복구자료에 해당하지 아니한다.

정답 | 19 ③

제4장 / 토지의 이동 및 지적정리

01 공간정보의 구축 및 관리 등에 관한 법령상 등록전환을 할 때 임야대장의 면적과 등록전환될 면적의 차이가 오차의 허용범위를 초과하는 경우 처리방법으로 옳은 것은?

제31회

① 지적소관청이 임야대장의 면적 또는 임야도의 경계를 직권으로 정정하여야 한다.
② 지적소관청이 시·도지사의 승인을 받아 허용범위를 초과하는 면적을 등록전환 면적으로 결정하여야 한다.
③ 지적측량수행자가 지적소관청의 승인을 받아 허용범위를 초과하는 면적을 등록전환 면적으로 결정하여야 한다.
④ 지적측량수행자가 토지소유자와 합의한 면적을 등록전환 면적으로 결정하여야 한다.
⑤ 지적측량수행자가 임야대장의 면적 또는 임야도의 경계를 직권으로 정정하여야 한다.

톺아보기

★ 임야대장의 면적과 등록전환될 면적의 차이가 오차의 허용범위 이내인 경우에는 등록전환될 면적을 등록전환 면적으로 결정하고, 허용범위를 초과하는 경우에는 임야대장의 면적 또는 임야도의 경계를 지적소관청이 직권으로 정정하여야 한다(영 제19조 제1항).

정답 | 01 ①

02 상중하

공간정보의 구축 및 관리 등에 관한 법령상 합병 신청을 할 수 없는 경우에 관한 내용으로 틀린 것은? (단, 다른 조건은 고려하지 아니함) 제35회

① 합병하려는 토지의 지목이 서로 다른 경우
② 합병하려는 토지의 소유자별 공유지분이 다른 경우
③ 합병하려는 토지의 지번부여지역이 서로 다른 경우
④ 합병하려는 토지의 소유자에 대한 소유권이전등기 연월일이 서로 다른 경우
⑤ 합병하려는 토지의 지적도 축척이 서로 다른 경우

톺아보기

합병하려는 토지의 소유자에 대한 소유권이전등기 연월일이 서로 다른 경우에 소유자가 동일하면 합병할 수 있다.

더 알아보기

합병요건

1. 합병하려는 각 필지의 소유자가 같을 것
2. 합병하려는 각 필지의 지목이 같을 것
3. 합병하려는 각 필지의 지번부여지역이 같을 것
4. 합병하려는 각 필지의 연접되어 있을 것
5. 합병하려는 각 필지의 등기여부가 동일할 것
6. 합병하려는 각 필지의 도면의 축척이 같을 것
7. 합병하려는 토지에 다음의 등기 외의 등기가 없을 것
   - 소유권ㆍ지상권ㆍ전세권 또는 임차권의 등기, 승역지(承役地)에 대한 지역권의 등기
   - 합병하려는 토지 전부에 등기원인 및 그 연월일과 접수번호가 같은 저당권등기
   - 합병하려는 토지 전부에 대한 신탁원부의 등기사항이 동일한 신탁등기
8. 합병하려는 각 필지의 지목은 같으나 **일부 토지의 용도가 다르게 되어 분할대상 토지**가 아니어야 한다. 다만 합병신청과 동시에 용도에 따라 분할신청을 하는 경우에는 그렇지 않다.
9. 합병하고자 하는 토지의 **소유자별 공유지분이 서로 다른 경우**가 아닐 것
10. 합병하고자 하는 토지가 구획정리ㆍ경지정리 또는 축척변경을 시행하고 있는 지역 안의 토지와 지역 밖의 토지가 아닐 것
11. 합병하려는 토지 소유자의 주소가 서로 다른 경우가 아닐 것. 다만, 지적소관청이 행정정보의 공동이용을 통하여 확인한 결과 토지 소유자가 동일인임을 확인할 수 있는 경우는 제외한다.

03

공간정보의 구축 및 관리 등에 관한 법령상 토지의 합병 및 지적공부의 정리 등에 관한 설명으로 틀린 것은? 제30회

① 합병에 따른 면적은 따로 지적측량을 하지 않고 합병 전 각 필지의 면적을 합산하여 합병 후 필지의 면적으로 결정한다.
② 토지소유자가 합병 전의 필지에 주거·사무실 등의 건축물이 있어서 그 건축물이 위치한 지번을 합병 후의 지번으로 신청할 때에는 그 지번을 합병 후의 지번으로 부여하여야 한다.
③ 합병에 따른 경계는 따로 지적측량을 하지 않고 합병 전 각 필지의 경계 중 합병으로 필요 없게 된 부분을 말소하여 합병 후 필지의 경계로 결정한다.
④ 지적소관청은 토지소유자의 합병신청에 의하여 토지의 이동이 있는 경우에는 지적공부를 정리하여야 하며, 이 경우에는 토지이동정리 결의서를 작성하여야 한다.
⑤ 토지소유자는 도로, 제방, 하천, 구거, 유지의 토지로서 합병하여야 할 토지가 있으면 그 사유가 발생한 날부터 90일 이내에 지적소관청에 합병을 신청하여야 한다.

톺아보기

도로, 제방, 하천, 구거, 유지, 공장용지, 학교용지, 철도용지, 수도용지, 공원, 체육용지 등의 지목의 토지로서 합병할 토지가 있는 경우에 토지소유자는 합병 사유가 발생한 날부터 60일 이내에 지적소관청에 합병을 신청하여야 한다.

정답 | 02 ④ 03 ⑤

04 공간정보의 구축 및 관리 등에 관한 법령상 지적공부에 등록된 토지가 지형의 변화 등으로 바다로 된 토지의 등록말소 및 회복 등에 관한 설명으로 **틀린** 것은? 제30회

① 지적소관청은 지적공부에 등록된 토지가 지형의 변화 등으로 바다로 된 경우로서 원상(原狀)으로 회복될 수 없는 경우에는 지적공부에 등록된 토지소유자에게 지적공부의 등록말소 신청을 하도록 통지하여야 한다.
② 지적소관청은 바다로 된 토지의 등록말소 신청에 의하여 토지의 표시변경에 관한 등기를 할 필요가 있는 경우에는 지체 없이 관할 등기관서에 그 등기를 촉탁하여야 한다.
③ 지적소관청이 직권으로 지적공부의 등록사항을 말소한 후 지형의 변화 등으로 다시 토지가 된 경우에 토지로 회복등록을 하려면 그 지적측량성과 및 등록말소 당시의 지적공부 등 관계 자료에 따라야 한다.
④ 지적소관청으로부터 지적공부의 등록말소 신청을 하도록 통지를 받은 토지소유자가 통지를 받은 날부터 60일 이내에 등록말소 신청을 하지 아니하면, 지적소관청은 직권으로 그 지적공부의 등록사항을 말소하여야 한다.
⑤ 지적소관청이 직권으로 지적공부의 등록사항을 말소하거나 회복등록하였을 때에는 그 정리 결과를 토지소유자 및 해당 공유수면의 관리청에 통지하여야 한다.

톺아보기

★ 지적소관청은 토지소유자가 통지받은 날부터 90일 이내에 등록말소 신청을 하지 아니하는 경우에는 직권으로 말소하여야 한다. 지적소관청이 직권으로 지적공부의 등록사항을 말소하거나 회복등록하였을 때에는 그 정리 결과를 토지소유자 및 해당 공유수면의 관리청에 통지하여야 한다.

📖 **더 알아보기**

토지이동 사유

구분	대상 토지	신청의 특징(측량성과도 첨부하지 않음)
신규등록	1. 새로 조성된 토지(공유수면매립지) 2. 미등록토지의 발견	1. **토지의 표시·소유자**: 지적소관청이 결정 2. 등기촉탁 사유는 아님
등록전환	1. 「산지관리법」,「건축법」 등의 관계 법령에 따른 개발행위 허가 등을 받은 경우 2. 대부분 토지가 형질변경되어 나머지 토지를 임야도에 존치함이 불합리할 경우 3. 임야도의 토지가 사실상 형질변경되었으나 지목변경할 수 없는 경우 4. 도시·군관리계획선에 따른 토지분할	1. 임야대장과 임야도의 등록말소 2. **등록전환시의 면적의 증감** • 오차허용범위 이내 ⇨ 등록전환될 면적을 전환면적으로 결정 • 오차허용범위 초과 ⇨ 임야대장·임야도를 직권정리하고 등록 3. 등록전환 후 토지표시변경등기를 촉탁
분할	1. 매매 등을 위하여 필요한 경우 2. 불합리한 지상 경계의 시정 3. 1필지 일부의 용도변경(의무적 분할)	1. 면적의 증감이 있는 경우 2. 관계 법령에 따라 해당 토지에 대한 분할이 개발행위 허가 등의 대상인 경우에 개발행위 허가 등을 받은 이후에 분할 신청 가능
합병	1. 소유자가 필요로 하는 경우 2. 「주택법」에 의한 공동주택 부지 3. 공공용 지목으로 연접되어 구획 내에 2필지 이상으로 등록된 토지(도, 제, 하, 구, 유, 장, 학, 철, 체, 수, 공)	1. 토지이동조사(지적측량대상이 아님) 2. 합병요건 3. 합병 후의 도면의 정리는 합병되는 필지 사이의 경계·지번·지목을 말소한 후 사용될 지번·지목을 새로이 제도
지목변경	1. 「국토의 계획 및 이용에 관한 법률」 등의 법령에 의한 토지의 형질변경 등의 공사가 준공된 경우 2. 토지, 건축물의 용도가 변경된 경우 3. 도시개발사업 등의 사업추진을 위하여 사업시행자가 공사준공 전에 토지의 합병을 신청하는 경우	1. 관계 법령에 의해 형질변경 등 공사의 준공을 증명하는 서류 2. 토지이동조사(지적측량대상이 아님) 3. 일시적이고 임시적인 용도의 변경은 지목변경대상이 아님
해면성 말소	지적공부에 등록된 토지가 지형의 변화 등으로 바다로 된 경우 1. 원상으로 회복할 수 없을 것 2. 다른 지목으로 될 가능성이 없을 것	1. 지적소관청은 등록말소신청을 통지 2. 90일 이내에 말소신청을 하지 않으면 지적소관청이 직권으로 말소 3. 정리 결과를 토지소유자 및 공유수면관리청에 통지 4. 지적소관청이 직권으로 토지회복등록

정답 | 04 ④

05 공간정보의 구축 및 관리 등에 관한 법령상 축척변경에 관한 설명으로 틀린 것은?

제33회

① 축척변경에 관한 사항을 심의·의결하기 위하여 지적소관청에 축척변경위원회를 둔다.
② 축척변경위원회의 위원장은 위원 중에서 지적소관청이 지명한다.
③ 지적소관청은 축척변경에 관한 측량을 완료하였을 때에는 축척변경 신청일 현재의 지적공부상의 면적과 측량 후의 면적을 비교하여 그 변동사항을 표시한 토지이동현황 조사서를 작성하여야 한다.
④ 지적소관청은 청산금의 결정을 공고한 날부터 20일 이내에 토지소유자에게 청산금의 납부고지 또는 수령통지를 하여야 한다.
⑤ 청산금의 납부 및 지급이 완료되었을 때에는 지적소관청은 지체 없이 축척변경의 확정공고를 하여야 한다.

톺아보기

지적소관청은 축척변경에 관한 측량을 완료하였을 때에는 시행공고일 현재의 지적공부상의 면적과 측량 후의 면적을 비교하여 그 변동사항을 표시한 축척변경 지번별 조서를 작성하여야 한다(영 제73조).

더 알아보기

축척변경의 절차

구분	내용
요건	실체적 요건: 도면의 정밀성과 도면의 통일성
축척변경절차	1. **사전적 절차** 　㉠ 토지소유자의 3분의 2 이상의 동의 　㉡ 축척변경위원회의 의결 　㉢ 시·도지사 또는 대도시 시장의 승인을 받을 것(지체 없이) 　🔍 축척변경위원회의 의결 및 시·도지사 또는 대도시 시장의 승인을 요하지 않는 경우 　　• 합병대상 토지가 축척이 상이하여 합병하기 위하여 축척변경할 경우 　　• 도시개발사업 시행지역에서 사업에서 제외된 토지를 축척변경할 경우 2. **축척변경시행공고**: 시·도지사 또는 대도시 시장의 승인을 얻어 20일 이상 공고 3. **토지소유자 등의 경계점표시의무**: 30일 이내에 현재의 경계를 지상에 표시 4. **지적공부정리 등의 정지**: 축척변경 확정공고일까지 　🔍 예외: 축척변경위원회의 의결, 경계점표지의 설치를 위한 경계복원측량 5. **축척변경측량·토지표시사항의 결정** 6. **지번별 조서 작성(증감면적을 기재)**
청산절차	1. **청산금 산정(축척변경위원회의 의결)** 　㉠ 지적소관청이 조사하여 축척변경위원회에 제출 　㉡ 예외 　　• 증감면적이 허용범위 이내인 경우 산출하지 아니한다. 　　• 토지소유자 전원이 청산하지 않기로 합의하여 서면을 제출한 경우 산출하지 아니한다. 2. **청산금 공고**: 15일 이상 3. **청산금의 납부고지, 수령통지**: 공고 후 20일 이내 4. **이의신청**: 지적소관청에 1개월 이내, 축척변경위원회는 1개월 이내에 심의·의결 5. **청산금의 납부 및 지급**: 6개월 이내 6. **차액 처리**: 해당 지방자치단체(초과액은 수입, 부족액은 부담)
확정공고	1. 청산금의 납부 및 지급 완료 후 지체 없이 하여야 한다. 2. 확정공고일에 토지의 이동이 있는 것으로 간주한다.

정답 | 05 ③

06

공간정보의 구축 및 관리 등에 관한 법령상 축척변경에 따른 청산금 등에 관한 설명으로 틀린 것은? 제29회

① 지적소관청은 청산금의 결정을 공고한 날부터 20일 이내에 토지소유자에게 청산금의 납부고지 또는 수령통지를 하여야 한다.
② 청산금의 납부고지를 받은 자는 그 고지를 받은 날부터 1년 이내에 청산금을 지적소관청에 내야 한다.
③ 지적소관청은 청산금의 수령통지를 한 날부터 6개월 이내에 청산금을 지급하여야 한다.
④ 지적소관청은 청산금을 지급받을 자가 행방불명 등으로 받을 수 없거나 받기를 거부할 때에는 그 청산금을 공탁할 수 있다.
⑤ 수령통지된 청산금에 관하여 이의가 있는 자는 수령통지를 받은 날부터 1개월 이내에 지적소관청에 이의신청을 할 수 있다.

톺아보기

청산금의 납부고지를 받은 자는 그 고지일로부터 6개월 이내에 청산금을 지적소관청에 납부하여야 하고, 지적소관청은 수령통지일로부터 6개월 이내에 청산금을 지급하여야 한다(영 제76조 제2항·제3항).

07

공간정보의 구축 및 관리 등에 관한 법령상 축척변경에 따른 청산금에 관한 이의신청에 대한 설명이다. ( )에 들어갈 내용으로 옳은 것은? 제33회

- 납부고지되거나 수령통지된 청산금에 관하여 이의가 있는 자는 납부고지 또는 수령통지를 받은 날부터 (㉠)에 지적소관청에 이의신청을 할 수 있다.
- 이의신청을 받은 지적소관청은 (㉡)에 축척변경위원회의 심의·의결을 거쳐 그 인용(認容) 여부를 결정한 후 지체 없이 그 내용을 이의신청인에게 통지하여야 한다.

① ㉠: 15일 이내, ㉡: 2개월 이내
② ㉠: 1개월 이내, ㉡: 2개월 이내
③ ㉠: 1개월 이내, ㉡: 1개월 이내
④ ㉠: 2개월 이내, ㉡: 1개월 이내
⑤ ㉠: 2개월 이내, ㉡: 15일 이내

톺아보기

㉠은 1개월 이내, ㉡은 1개월 이내이다.
납부고지되거나 수령통지된 청산금에 관하여 이의가 있는 자는 납부고지 또는 수령통지를 받은 날부터 1개월 이내에 지적소관청에 이의신청을 할 수 있다. 또한 이의신청을 받은 지적소관청은 1개월 이내에 축척변경위원회의 심의·의결을 거쳐 그 인용(認容) 여부를 결정한 후 지체 없이 그 내용을 이의신청인에게 통지하여야 한다(영 제77조 제1항·제2항).

08 상중하

공간정보의 구축 및 관리 등에 관한 법령상 지적소관청은 축척변경에 따른 청산금의 납부 및 지급이 완료되었을 때 지체 없이 축척변경의 확정공고를 하여야 한다. 이 경우 확정공고에 포함되어야 할 사항으로 틀린 것은? 제34회

① 토지의 소재 및 지역명
② 축척변경 지번별 조서
③ 청산금 조서
④ 지적도의 축척
⑤ 지역별 제곱미터당 금액조서

톺아보기

축척변경의 확정공고에는 토지의 소재 및 지역명, 축척변경 지번별 조서, 청산금 조서, 지적도의 축척이 포함되어야 한다(규칙 제92조 제1항). 청산금의 납부와 지급이 완료되었으므로 지역별 제곱미터당 금액조서는 포함되지 아니한다.

정답 | 06 ② 07 ③ 08 ⑤

09 상중하

공간정보의 구축 및 관리 등에 관한 법령상 지적소관청은 축척변경 확정공고를 하였을 때에는 지체 없이 축척변경에 따라 확정된 사항을 지적공부에 등록하여야 한다. 이 경우 토지대장에 등록하는 기준으로 옳은 것은? 제34회

① 축척변경 확정측량 결과도에 따른다.
② 청산금납부고지서에 따른다.
③ 토지이동현황 조사계획서에 따른다.
④ 확정공고된 축척변경 지번별 조서에 따른다.
⑤ 축척변경 시행계획에 따른다.

톺아보기

축척변경 확정공고에 따라 지적공부에 등록하는 때에는 토지대장은 확정공고된 축척변경 지번별 조서에 따라야 한다(규칙 제92조 제2항).

10 공간정보의 구축 및 관리 등에 관한 법령상 축척변경에 관한 설명으로 옳은 것은?

제35회

① 도시개발사업 등의 시행지역에 있는 토지로서 그 사업시행에서 제외된 토지의 축척변경을 하는 경우 축척변경위원회의 심의 및 시·도지사 또는 대도시 시장의 승인을 받아야 한다.
② 지적소관청은 시·도지사 또는 대도시 시장으로부터 축척변경 승인을 받았을 때에는 지체 없이 축척변경의 목적, 시행지역 및 시행기간, 축척변경의 시행에 관한 세부계획, 축척변경의 시행에 따른 청산금액의 내용, 축척변경의 시행에 따른 토지소유자 등의 협조에 관한 사항을 15일 이상 공고하여야 한다.
③ 지적소관청은 축척변경에 관한 측량을 한 결과 측량 전에 비하여 면적의 증감이 있는 경우에는 그 증감면적에 대하여 청산을 하여야 한다. 다만, 토지소유자 3분의 2 이상이 청산하지 아니하기로 합의하여 서면으로 제출한 경우에는 그러하지 아니하다.
④ 지적소관청은 청산금을 내야 하는 자가 납부고지를 받은 날부터 1개월 이내에 청산금에 관한 이의신청을 하지 아니하고, 고지를 받은 날부터 3개월 이내에 지적소관청에 청산금을 내지 아니하면 「지방행정제재·부과금의 징수 등에 관한 법률」에 따라 징수할 수 있다.
⑤ 청산금의 납부 및 지급이 완료되었을 때에는 지적소관청은 지체 없이 축척변경의 확정공고를 하여야 하며, 확정공고 사항에는 토지의 소재 및 지역명, 축척변경 지번별 조서, 청산금 조서, 지적도의 축척이 포함되어야 한다.

톺아보기

오답해설
① 도시개발사업 등의 시행지역에 있는 토지로서 그 사업시행에서 제외된 토지의 축척변경을 하는 경우 축척변경위원회의 심의 및 시·도지사 또는 대도시 시장의 승인을 요하지 아니한다.
② 지적소관청은 시·도지사 또는 대도시 시장으로부터 축척변경 승인을 받았을 때에는 지체 없이 축척변경의 목적, 시행지역 및 시행기간, 축척변경의 시행에 관한 세부계획, 축척변경의 시행에 따른 청산금액의 내용, 축척변경의 시행에 따른 토지소유자 등의 협조에 관한 사항을 20일 이상 공고하여야 한다.
③ 지적소관청은 축척변경에 관한 측량을 한 결과 측량 전에 비하여 면적의 증감이 있는 경우에는 그 증감면적에 대하여 청산을 하여야 한다. 다만, 토지소유자 전원이 청산하지 아니하기로 합의하여 서면으로 제출한 경우에는 그러하지 아니하다.
④ 지적소관청은 청산금을 내야 하는 자가 납부고지를 받은 날부터 1개월 이내에 청산금에 관한 이의신청을 하지 아니하고, 고지를 받은 날부터 6개월 이내에 지적소관청에 청산금을 내지 아니하면 「지방행정제재·부과금의 징수 등에 관한 법률」에 따라 징수할 수 있다.

정답 | 09 ④ 10 ⑤

11

공간정보의 구축 및 관리 등에 관한 법령상 축척변경위원회의 구성에 관한 내용이다. ( )에 들어갈 사항으로 옳은 것은?   제32회

> 축척변경위원회는 (㉠) 이상 10명 이하의 위원으로 구성하되, 위원의 2분의 1 이상을 토지소유자로 하여야 한다. 이 경우 그 축척변경 시행지역의 토지소유자가 (㉡) 이하일 때에는 토지소유자 전원을 위원으로 위촉하여야 한다. 위원장은 위원 중에서 (㉢)이 지명한다.

① ㉠: 3명, ㉡: 3명, ㉢: 지적소관청
② ㉠: 5명, ㉡: 5명, ㉢: 지적소관청
③ ㉠: 5명, ㉡: 5명, ㉢: 국토교통부장관
④ ㉠: 7명, ㉡: 7명, ㉢: 지적소관청
⑤ ㉠: 7명, ㉡: 7명, ㉢: 국토교통부장관

톺아보기

㉠은 5명, ㉡은 5명, ㉢은 지적소관청이다.
축척변경위원회는 5명 이상 10명 이하의 위원으로 구성하되, 위원의 2분의 1 이상을 토지소유자로 하여야 한다. 이 경우 그 축척변경 시행지역의 토지소유자가 5명 이하일 때에는 토지소유자 전원을 위원으로 위촉하여야 한다. 위원장은 위원 중에서 지적소관청이 지명한다(영 제79조 제1항·제2항).

12

공간정보의 구축 및 관리 등에 관한 법령상 축척변경위원회의 심의·의결사항으로 틀린 것은?   제27회

① 축척변경시행계획에 관한 사항
② 지번별 제곱미터당 금액의 결정에 관한 사항
③ 축척변경 승인에 관한 사항
④ 청산금의 산정에 관한 사항
⑤ 청산금의 이의신청에 관한 사항

톺아보기

축척변경 승인에 관한 사항은 시·도지사의 승인을 요한다.

13 공간정보의 구축 및 관리 등에 관한 법령상 도시개발사업 등 시행지역의 토지이동 신청특례에 관한 설명으로 틀린 것은?

제26회

① 「농어촌정비법」에 따른 농어촌정비사업의 시행자는 그 사업의 착수·변경 및 완료 사실을 시·도지사에게 신고하여야 한다.
② 도시개발사업 등의 사업의 착수 또는 변경의 신고가 된 토지의 소유자가 해당 토지의 이동을 원하는 경우에는 해당 사업의 시행자에게 그 토지이동을 신청하도록 요청하여야 한다.
③ 도시개발사업 등의 사업시행자가 토지의 이동을 신청한 경우 토지의 이동은 토지의 형질변경 등의 공사가 준공된 때에 이루어진 것으로 본다.
④ 「도시개발법」에 따른 도시개발사업의 시행자는 그 사업의 착수·변경 또는 완료 사실의 신고를 그 사유가 발생한 날로부터 15일 이내에 하여야 한다.
⑤ 「주택법」에 따른 주택건설사업의 시행자가 파산 등의 이유로 토지의 이동신청을 할 수 없을 때에는 그 주택의 시공을 보증한 자 또는 입주예정자 등이 신청할 수 있다.

톺아보기

「농어촌정비법」에 따른 농어촌정비사업, 그 밖에 대통령령으로 정하는 토지개발사업의 시행자는 대통령령으로 정하는 바에 따라 그 사업의 착수·변경 및 완료 사실을 지적소관청에 신고하여야 한다(법 제86조 제1항).

더 알아보기

토지이동의 신청권자

원칙	토지소유자가 신청
대위신청	• 사업시행자의 대위신청: 도, 제, 하, 구, 유, 학, 철, 수 • 해당 토지를 관리하는 행정기관의 장 또는 지방자치단체의 장의 대위신청: 국가나 지방자치단체가 취득하는 토지인 경우 • 공동주택의 관리인, 사업시행자의 대위신청: 「주택법」에 의한 공동주택 부지 • 채권자의 대위신청
토지이동 신청특례	• 대규모 토지조성사업 • 사업시행자는 도시개발사업 등의 착수·변경·완료의 사유가 발생한 날로부터 15일 이내에 소관청에 신고하여야 한다.

정답 | 11 ② 12 ③ 13 ①

14

공간정보의 구축 및 관리 등에 관한 법령상 도시개발사업 등 시행지역의 토지이동 신청에 관한 특례의 설명으로 틀린 것은?   제30회

① 「도시개발법」에 따른 도시개발사업의 착수를 지적소관청에 신고하려는 자는 도시개발사업 등의 착수(시행)·변경·완료신고서에 사업인가서, 지번별 조서, 사업계획도를 첨부하여야 한다.
② 「농어촌정비법」에 따른 농어촌정비사업의 사업시행자가 지적소관청에 토지의 이동을 신청한 경우 토지의 이동은 토지의 형질변경 등의 공사가 착수(시행)된 때에 이루어진 것으로 본다.
③ 「도시 및 주거환경정비법」에 따른 정비사업의 착수·변경 또는 완료 사실의 신고는 그 사유가 발생한 날부터 15일 이내에 하여야 한다.
④ 「주택법」에 따른 주택건설사업의 시행자가 파산 등의 이유로 토지의 이동신청을 할 수 없을 때에는 그 주택의 시공을 보증한 자 또는 입주예정자 등이 신청할 수 있다.
⑤ 「택지개발촉진법」에 따른 택지개발사업의 사업시행자가 지적소관청에 토지의 이동을 신청한 경우 신청 대상지역이 환지(換地)를 수반하는 경우에는 지적소관청에 신고한 사업완료 신고로써 이를 갈음할 수 있다. 이 경우 사업완료신고서에 택지개발 사업시행자가 토지의 이동신청을 갈음한다는 뜻을 적어야 한다.

톺아보기

농어촌정비사업 등으로 인한 토지의 이동은 토지의 형질변경 등의 공사가 준공된 때 이루어진 것으로 본다(법 제86조 제3항). 지적공부의 정리는 그 이동 사유가 완성되기 전에는 할 수 없다.

15

공간정보의 구축 및 관리 등에 관한 법령상 도시개발사업 등의 시행자가 그 사업의 착수·변경 및 완료 사실을 지적소관청에 신고하여야 하는 사업으로 틀린 것은?   제34회

① 「공공주택 특별법」에 따른 공공주택지구 조성사업
② 「도시 및 주거환경정비법」에 따른 정비사업
③ 「택지개발촉진법」에 따른 택지개발사업
④ 「지역 개발 및 지원에 관한 법률」에 따른 지역개발사업
⑤ 「지적재조사에 관한 특별법」에 따른 지적재조사사업

톺아보기

법률이 정하는 토지개발사업의 경우에 그 사업시행자가 지적소관청에 토지이동을 신고를 하여야 한다. 「지적재조사에 관한 특별법」에 따른 지적재조사사업은 대규모 토지개발사업에 해당하지 아니한다.

---

16 〔상 중 하〕

다음은 공간정보의 구축 및 관리 등에 관한 법령상 도시개발사업 등 시행지역의 토지이동 신청특례에 관한 설명이다. ( )에 들어갈 내용으로 옳은 것은? 제31회

- 「도시개발법」에 따른 도시개발사업, 「농어촌정비법」에 따른 농어촌정비사업 등의 사업시행자는 그 사업의 착수 변경 및 완료 사실을 (㉠)에(게) 신고하여야 한다.
- 도시개발사업 등의 착수 변경 또는 완료 사실의 신고는 그 사유가 발생한 날부터 (㉡) 이내에 하여야 한다.

① ㉠: 시·도지사, ㉡: 15일
② ㉠: 시·도지사, ㉡: 30일
③ ㉠: 시·도지사, ㉡: 60일
④ ㉠: 지적소관청, ㉡: 15일
⑤ ㉠: 지적소관청, ㉡: 30일

톺아보기

㉠은 지적소관청, ㉡은 15일이다.

★ 「도시개발법」에 따른 도시개발사업, 「농어촌정비법」에 따른 농어촌정비사업, 그 밖에 토지개발사업의 시행자는 그 사업의 착수·변경 및 완료 사실을 지적소관청에 신고하여야 한다(법 제86조 제1항). 도시개발사업 등의 착수·변경 또는 완료 사실의 신고는 그 사유가 발생한 날부터 15일 이내에 하여야 한다(영 제83조 제2항).

정답 | 14 ② 15 ⑤ 16 ④

17 공간정보의 구축 및 관리 등에 관한 법령상 토지소유자의 정리 등에 관한 설명으로 틀린 것은?

제29회

① 지적소관청은 등기부에 적혀 있는 토지의 표시가 지적공부와 일치하지 아니하면 토지소유자를 정리할 수 없다.
② 「국유재산법」에 따른 총괄청이나 같은 법에 따른 중앙관서의 장이 소유자 없는 부동산에 대한 소유자 등록을 신청하는 경우 지적소관청은 지적공부에 해당 토지의 소유자가 등록되지 아니한 경우에만 등록할 수 있다.
③ 지적공부에 신규등록하는 토지의 소유자에 관한 사항은 등기관서에서 등기한 것을 증명하는 등기필증, 등기완료통지서, 등기사항증명서 또는 등기관서에서 제공한 등기전산정보자료에 따라 정리한다.
④ 지적소관청은 필요하다고 인정하는 경우에는 관할 등기관서의 등기부를 열람하여 지적공부와 부동산등기부가 일치하는지 여부를 조사·확인하여야 한다.
⑤ 지적소관청 소속 공무원이 지적공부와 부동산등기부의 부합 여부를 확인하기 위하여 등기전산정보자료의 제공을 요청하는 경우 그 수수료는 무료로 한다.

톺아보기

지적공부에 신규등록하는 토지의 소유자는 지적소관청이 이를 직접 조사하여 등록한다(법 제88조 제1항 단서).

더 알아보기
지적공부의 정리

구분	내용
토지표시의 정리	1. 신규등록, 등록전환, 분할, 해면성 말소: 토지이동정리 결의서 2. 합병, 지목변경: 토지이동정리 결의서
토지소유자의 정리	1. 신규등록지의 토지소유자 등록: 지적소관청이 조사·확인하여 등록 2. 기등록지의 토지소유자 정리: 소유자정리 결의서 • 관할 등기소의 소유권변경 사실의 통지에 의한 정리: 등기기록과 대장의 토지의 표시가 불일치하면 불부합통지의 대상 • 토지소유자의 신청에 의한 정리: 등기필증, 등기완료통지서, 등기사항증명서 등 • 지적소관청의 직권에 의한 정리

18

공간정보의 구축 및 관리 등에 관한 법령상 토지소유자의 정리에 관한 설명이다. ( )에 들어갈 내용으로 옳은 것은?   제33회

> 지적공부에 등록된 토지소유자의 변경사항은 등기관서에게 등기한 것을 증명하는 등기필증, 등기완료통지서, 등기사항증명서 또는 등기관서에서 제공한 등기전산정보자료에 따라 정리한다. 다만, (㉠)하는 토지의 소유자는 (㉡)이(가) 직접 조사하여 등록한다.

① ㉠: 축척변경, ㉡: 등기관
② ㉠: 축척변경, ㉡: 시·도지사
③ ㉠: 신규등록, ㉡: 등기관
④ ㉠: 신규등록, ㉡: 지적소관청
⑤ ㉠: 등록전환, ㉡: 시·도지사

톺아보기

㉠은 신규등록, ㉡은 지적소관청이다.
지적공부에 등록된 토지소유자의 변경사항은 등기관서에서 등기한 것을 증명하는 등기필증, 등기완료통지서, 등기사항증명서 또는 등기관서에서 제공한 등기전산정보자료에 따라 정리한다. 다만, 신규등록하는 토지의 소유자는 지적소관청이 직접 조사하여 등록한다(법 제88조 제1항).

19

토지대장에 등록된 토지소유자의 변경사항은 등기관서에서 등기한 것을 증명하거나 제공한 자료에 따라 정리한다. 다음 중 등기관서에서 등기한 것을 증명하거나 제공한 자료가 <u>아닌</u> 것은?   제25회

① 등기필증
② 등기완료통지서
③ 등기사항증명서
④ 등기신청접수증
⑤ 등기전산정보자료

톺아보기

★ 지적공부에 등록된 토지소유자의 변경사항은 등기관서에서 등기한 것을 증명하는 등기필증, 등기완료통지서, 등기사항증명서 또는 등기관서에서 제공한 등기전산정보자료에 따라 정리한다(법 제88조 제1항).

정답 | 17 ③ 18 ④ 19 ④

20 공간정보의 구축 및 관리 등에 관한 법령상 지적소관청이 지적공부의 등록사항에 잘못이 있는지를 직권으로 조사·측량하여 정정할 수 있는 경우를 모두 고른 것은?

제30회

> ㉠ 지적공부의 작성 또는 재작성 당시 잘못 정리된 경우
> ㉡ 지적도에 등록된 필지의 경계가 지상 경계와 일치하지 않아 면적의 증감이 있는 경우
> ㉢ 측량 준비 파일과 다르게 정리된 경우
> ㉣ 지적공부의 등록사항이 잘못 입력된 경우

① ㉢
② ㉣
③ ㉠, ㉣
④ ㉡, ㉢
⑤ ㉠, ㉢, ㉣

톺아보기

정정할 수 있는 경우는 ㉠㉣이다.
㉠ 지적공부의 작성 또는 재작성 당시 잘못 정리된 경우는 정확한 근거서류가 존재하므로 직권정정 사유에 해당한다(영 제82조 제1항 제4호).
㉡ 면적의 증감이 있는 경우는 직권정정 사유에 해당하지 아니한다.
㉢ 측량 준비 파일은 근거서류에 해당하지 아니한다.
㉣ 지적공부의 등록사항이 잘못 입력된 경우는 직권정정 사유에 해당한다(영 제82조 제1항 제7호).

더 알아보기
등록사항의 정정

구분	내용
지적소관청의 직권에 의한 토지표시 정정	• 토지이동정리 결의서의 내용과 다르게 정리된 경우 • 도면에 등록된 필지가 면적증감 없이 경계의 위치만 잘못 등록된 경우 • 공부면적과 측량면적은 일치하나 도면상의 경계가 접합하지 아니하는 경우 • 지적공부의 작성 또는 재작성 당시 잘못 작성된 경우 • 지적측량성과와 다르게 정리된 경우 • 지적위원회의 의결에 의하여 지적공부의 등록사항 정정을 요하는 경우 • 지적공부의 등록사항이 잘못 입력된 경우 • 토지합필제한에 위반한 등기의 신청을 각하한 경우의 그 사유의 통지 (지적소관청의 착오로 잘못 합병한 경우만 해당) • 면적환산이 잘못된 경우
신청에 의한 토지표시 정정	• **경계가 변경될 경우**: 인접지소유자의 승낙서, 판결서 정본을 첨부 • **경계 또는 면적변경의 경우**: 등록사항 정정 측량성과도를 첨부
토지소유자의 정정	• **기등기지**: 등기필정보, 등기사항증명서에 의하여(신청, 직권) • **미등기지**: 가족관계등록부에 의하여(신청으로만)

21

공간정보의 구축 및 관리 등에 관한 법령상 지적소관청이 지적공부의 등록사항을 직권으로 조사·측량하여 정정할 수 있는 경우로 틀린 것은? 제35회

① 연속지적도가 잘못 작성된 경우
② 지적공부의 작성 또는 재작성 당시 잘못 정리된 경우
③ 토지이동정리 결의서의 내용과 다르게 정리된 경우
④ 지적도 및 임야도에 등록된 필지가 면적의 증감 없이 경계의 위치만 잘못된 경우
⑤ 지방지적위원회 또는 중앙지적위원회의 의결서 사본을 받은 지적소관청이 그 내용에 따라 지적공부의 등록사항을 정정하여야 하는 경우

톺아보기

연속지적도가 잘못 작성된 경우는 지적소관청의 직권정정사유에 해당하지 아니한다.

정답 | 20 ③ 21 ①

22

공간정보의 구축 및 관리 등에 관한 법령상 토지의 이동신청 및 지적정리 등에 관한 설명이다. ( ) 안에 들어갈 내용으로 옳은 것은? 제27회

> 지적소관청은 토지의 표시가 잘못되었음을 발견하였을 때에는 (㉠) 등록사항 정정에 필요한 서류와 등록사항 정정 측량성과도를 작성하고, 「공간정보의 구축 및 관리 등에 관한 법률 시행령」 제84조 제2항에 따라 토지이동정리 결의서를 작성한 후 대장의 사유란에 (㉡)라고 적고, 토지소유자에게 등록사항 정정 신청을 할 수 있도록 그 사유를 통지하여야 한다.

① ㉠: 지체 없이,　㉡: 등록사항 정정 대상토지
② ㉠: 지체 없이,　㉡: 지적불부합 토지
③ ㉠: 7일 이내,　㉡: 토지표시 정정 대상토지
④ ㉠: 30일 이내,　㉡: 지적불부합 토지
⑤ ㉠: 30일 이내,　㉡: 등록사항 정정 대상토지

톺아보기

㉠은 지체 없이, ㉡은 등록사항 정정 대상토지이다.
지적소관청은 토지의 표시가 잘못되었음을 발견하였을 때에는 지체 없이 등록사항 정정에 필요한 서류와 등록사항 정정 측량성과도를 작성하고, 토지이동정리 결의서를 작성한 후 대장의 사유란에 '등록사항 정정 대상토지'라고 적고, 토지소유자에게 등록사항 정정 신청을 할 수 있도록 그 사유를 통지하여야 한다. 등록사항 정정 대상토지에 대한 대장을 열람하게 하거나 등본을 발급하는 때에는 '등록사항 정정 대상토지'라고 적은 부분을 흑백의 반전(反轉)으로 표시하거나 붉은색으로 적어야 한다(규칙 제94조 제1항·제2항).

23

공간정보의 구축 및 관리 등에 관한 법령상 지적소관청은 토지의 이동 등으로 토지의 표시변경에 관한 등기를 할 필요가 있는 경우에는 지체 없이 관할 등기관서에 그 등기를 촉탁하여야 한다. 등기촉탁대상이 아닌 것은? 제28회

① 지번부여지역의 전부 또는 일부에 대하여 지번을 새로 부여한 경우
② 바다로 된 토지의 등록을 말소한 경우
③ 하나의 지번부여지역에 서로 다른 축척의 지적도가 있어 축척을 변경한 경우
④ 지적소관청이 신규등록하는 토지의 소유자를 직접 조사하여 등록한 경우
⑤ 지적소관청이 직권으로 조사·측량하여 지적공부의 등록사항을 정정한 경우

톺아보기

신규등록은 등기촉탁 사유에 해당하지 아니한다.

---

24 공간정보의 구축 및 관리 등에 관한 법령상 지적소관청은 토지의 이동 등으로 토지의 표시 변경에 관한 등기를 할 필요가 있는 경우에는 지체 없이 관할 등기관서에 그 등기를 촉탁하여야 한다. 이 경우 등기촉탁의 대상이 아닌 것은? 제35회

① 지목변경
② 지번변경
③ 신규등록
④ 축척변경
⑤ 합병

톺아보기

지적소관청은 제64조 제2항(신규등록은 제외한다), 제66조 제2항, 제82조, 제83조 제2항, 제84조 제2항 또는 제85조 제2항에 따른 사유로 토지의 표시 변경에 관한 등기를 할 필요가 있는 경우에는 지체 없이 관할 등기관서에 그 등기를 촉탁하여야 한다(법 제89조).

더 알아보기

등기촉탁 사유(법 제89조)
- 토지소유자의 신청을 받아 토지의 이동을 결정한 때(신규등록은 제외)
- 지번을 변경할 필요가 있어 지번부여지역의 전부, 일부에 지번을 새로 부여한 때
- 바다로 된 토지의 등록말소 신청
- 축척변경을 한 경우
- 지적소관청이 등록사항을 직권으로 조사·측량하여 정정한 때
- 행정구역의 개편으로 지번을 새로이 부여한 때

정답 | 22 ① 23 ④ 24 ③

25 공간정보의 구축 및 관리 등에 관한 법령상 지적소관청이 토지소유자에게 지적정리 등을 통지하여야 하는 경우로 **틀린** 것은? (단, 통지받을 자의 주소나 거소를 알 수 없는 경우는 제외)

제28회 수정

① 도시개발사업 시행지역에 있는 토지로서 그 사업시행에서 제외된 토지의 축척을 지적소관청이 변경하여 등록한 경우
② 지적공부의 등록사항에 잘못이 있는 경우에 토지소유자의 신청으로 지적공부의 등록사항을 정정한 경우
③ 토지소유자가 하여야 하는 토지이동 신청을 「민법」 제404조에 따른 채권자가 대위하여 지적소관청이 등록한 경우
④ 토지소유자의 토지이동 신청이 없어 지적소관청이 직권으로 조사·측량하여 지적공부에 등록하는 지번·지목·면적·경계 또는 좌표를 결정하여 등록한 경우
⑤ 지번부여지역의 일부가 행정구역의 개편으로 다른 지번부여지역에 속하게 되어 지적소관청이 새로 속하게 된 지번부여지역의 지번을 부여하여 등록한 경우

톺아보기

② 지적공부의 등록사항에 잘못이 있는 경우에 지적소관청이 직권으로 정정한 경우는 지적정리의 통지 사유에 해당하나, 토지소유자의 신청으로 지적공부의 등록사항을 정정한 경우는 통지 사유에 해당하지 아니한다.
① 지적소관청이 도시개발사업 등의 시행지역에 있는 토지로서 그 사업시행에서 제외된 토지의 축척변경을 하는 경우, 축척변경에 해당하므로 지적소관청은 관할 등기관서에 등기촉탁을 하여야 하고, 등기를 촉탁한 사실에 대해 토지소유자에게 통지하여야 한다.

더 알아보기

지적정리의 통지 사유(법 제90조)

- 토지이동에 대한 토지소유자의 신청 없이 지적소관청이 직권으로 토지이동을 조사·측량하여 지번·지목·면적·경계 또는 좌표 등을 결정·등록한 때
- 지적소관청이 지번변경을 한 때
- 지적소관청이 지적공부를 복구한 때
- 지적소관청이 직권으로 바다로 된 토지의 등록을 말소한 때
- 지적소관청이 직권으로 지적공부의 등록사항을 정정한 때
- 지번부여지역의 일부가 행정구역 개편으로 다른 지번부여지역에 속하게 되어 지적소관청이 지번을 새로이 정한 때
- 지적소관청이 도시개발사업 등 시행지역의 지적공부를 정리한 때
- 대위신청자가 신청하여 지적소관청이 지적공부를 정리한 때
- 지적소관청이 토지표시의 변경에 관하여 관할 등기소에 등기를 촉탁한 때

26

공간정보의 구축 및 관리 등에 관한 법령상 지적정리 등의 통지에 관한 설명으로 틀린 것은? 제25회

① 지적소관청이 시·도지사나 대도시 시장의 승인을 받아 지번부여지역의 일부에 대한 지번을 변경하여 지적공부에 등록한 경우 해당 토지소유자에게 통지하여야 한다.
② 토지의 표시에 관한 변경등기가 필요하지 아니한 지적정리 등의 통지는 지적소관청이 지적공부에 등록한 날부터 10일 이내 해당 토지소유자에게 하여야 한다.
③ 지적소관청은 지적공부의 전부 또는 일부가 멸실되거나 훼손되어 이를 복구등록한 경우 해당 토지소유자에게 통지하여야 한다.
④ 토지의 표시에 관한 변경등기가 필요한 지적정리 등의 통지는 지적소관청이 그 등기완료의 통지서를 접수한 날부터 15일 이내 해당 토지소유자에게 하여야 한다.
⑤ 지적소관청이 직권으로 조사·측량하여 결정한 지번·지목·면적·경계 또는 좌표를 지적공부에 등록한 경우 해당 토지소유자에게 통지하여야 한다.

톺아보기

★ 토지의 표시에 관한 변경등기가 필요한 지적정리 등의 통지는 지적소관청이 그 등기완료의 통지서를 접수한 날부터 15일 이내 해당 토지소유자에게 하여야 한다. 그러나 변경등기가 필요하지 아니한 지적정리 등의 통지는 지적소관청이 지적공부에 등록한 날부터 7일 이내 해당 토지소유자에게 하여야 한다.

정답 | 25 ② 26 ②

27

공간정보의 구축 및 관리 등에 관한 법령상 지적소관청이 토지소유자에게 지적정리 등을 통지하여야 하는 시기에 대한 설명이다. ( )에 들어갈 내용으로 옳은 것은?

제34회

- 토지의 표시에 관한 변경등기가 필요하지 아니한 경우: (㉠)에 등록한 날부터 (㉡) 이내
- 토지의 표시에 관한 변경등기가 필요한 경우: 그 (㉢)를 접수한 날부터 (㉣) 이내

① ㉠: 등기완료의 통지서, ㉡: 15일, ㉢: 지적공부, ㉣: 7일
② ㉠: 등기완료의 통지서, ㉡: 7일, ㉢: 지적공부, ㉣: 15일
③ ㉠: 지적공부, ㉡: 7일, ㉢: 등기완료의 통지서, ㉣: 15일
④ ㉠: 지적공부, ㉡: 10일, ㉢: 등기완료의 통지서, ㉣: 15일
⑤ ㉠: 지적공부, ㉡: 15일, ㉢: 등기완료의 통지서, ㉣: 7일

톺아보기

㉠은 지적공부, ㉡은 7일, ㉢은 등기완료의 통지서, ㉣은 15일이다.

더 알아보기

지적정리의 통지 시기(영 제85조)

지적소관청이 토지소유자에게 지적정리 등을 통지하여야 하는 시기는 다음과 같다.
- 토지의 표시에 관한 변경등기가 필요한 경우: 그 등기완료통지서를 접수한 날부터 15일 이내
- 토지의 표시에 관한 변경등기가 필요하지 아니한 경우: 지적공부에 등록한 날부터 7일 이내

정답 | 27 ③

제5장 / 지적측량

기본서 p.120~136

01 공간정보의 구축 및 관리 등에 관한 법령상 지적측량을 실시하여야 하는 경우로 <u>틀린</u> 것은?

제33회

① 지적기준점을 정하는 경우
② 경계점을 지상에 복원하는 경우
③ 지상건축물 등의 현황을 지형도에 표시하는 경우
④ 바다가 된 토지의 등록을 말소하는 경우로서 측량을 할 필요가 있는 경우
⑤ 지적공부의 등록사항을 정정하는 경우로서 측량을 할 필요가 있는 경우

톺아보기

★ 지상건축물 등의 현황을 지적도 및 임야도에 등록된 경계와 대비하여 표시하는 데에 필요한 경우에 지적현황측량을 실시한다(영 제18조).

더 알아보기

지적측량의 대상(법 제23조)
- 지적기준점을 정하는 경우(기초측량)
- 토지를 신규등록하는 경우
- 토지를 분할하는 경우
- 토지를 등록전환하는 경우
- 바다로 된 토지의 등록을 말소하는 경우
- 축척을 변경하는 경우
- 지적공부를 복구하는 경우
- 지적공부의 등록사항을 정정하는 경우
- 지적측량성과를 검사하는 경우
- 「지적재조사에 관한 특별법」에 따른 지적재조사사업에 따라 토지의 이동이 있는 경우
- 도시개발사업에 따른 사업이 끝나 토지의 표시를 새로 정하기 위하여 실시하는 지적측량(지적확정측량)
- 경계점을 지상에 복원하는 경우(경계복원측량)
- 지상건축물 등의 현황을 지적도 및 임야도에 등록된 경계와 대비하여 표시하는 데에 필요한 경우(지적현황측량)

🔍 지적측량을 요하지 않는 경우: 합병, 지목변경, 지번변경, 위치정정

정답 | 01 ③

02 공간정보의 구축 및 관리 등에 관한 법령상 지적측량을 실시하여야 하는 경우를 모두 고른 것은?

제30회

> ㉠ 토지소유자가 지적소관청에 신규등록 신청을 하기 위하여 측량을 할 필요가 있는 경우
> ㉡ 지적소관청이 지적공부의 일부가 멸실되어 이를 복구하기 위하여 측량을 할 필요가 있는 경우
> ㉢ 「지적재조사에 관한 특별법」에 따른 지적재조사사업에 따라 토지의 이동이 있어 측량을 할 필요가 있는 경우
> ㉣ 토지소유자가 지적소관청에 바다가 된 토지에 대하여 지적공부의 등록말소를 신청하기 위하여 측량을 할 필요가 있는 경우

① ㉠, ㉡, ㉢
② ㉠, ㉡, ㉣
③ ㉠, ㉢, ㉣
④ ㉡, ㉢, ㉣
⑤ ㉠, ㉡, ㉢, ㉣

톺아보기

㉠㉡㉢㉣ 모두 지적측량의 대상이다.
㉠ 신규등록측량
㉡ 지적공부복구측량
㉢ 지적재조사측량
㉣ 등록말소측량

03 공간정보의 구축 및 관리 등에 관한 법령상 지상건축물 등의 현황을 지적도 및 임야도에 등록된 경계와 대비하여 표시하는 지적측량은?

제32회

① 등록전환측량
② 신규등록측량
③ 지적현황측량
④ 경계복원측량
⑤ 토지분할측량

톺아보기

지적현황측량이란 지상건축물 등의 현황을 지적도 및 임야도에 등록된 경계와 대비하여 표시하는 데에 필요한 경우의 지적측량이다(영 제18조).

04 공간정보의 구축 및 관리 등에 관한 법령상 토지소유자 등 이해관계인이 지적측량수행자에게 지적측량을 의뢰하여야 하는 경우가 <u>아닌</u> 것을 모두 고른 것은? (단, 지적측량을 할 필요가 있는 경우임)

제32회

> ㉠ 지적측량성과를 검사하는 경우
> ㉡ 토지를 등록전환하는 경우
> ㉢ 축척을 변경하는 경우
> ㉣ 「지적재조사에 관한 특별법」에 따른 지적재조사사업에 따라 토지의 이동이 있는 경우

① ㉠, ㉡
② ㉠, ㉣
③ ㉢, ㉣
④ ㉠, ㉡, ㉢
⑤ ㉡, ㉢, ㉣

톺아보기

토지소유자 등 이해관계인은 법 제23조 제1항 제1호 및 제3호(자목은 제외)부터 제5호까지의 사유로 지적측량을 할 필요가 있는 경우에는 지적측량수행자에게 지적측량을 의뢰하여야 한다(법 제24조 제1항).

★ 검사측량(㉠)과 지적재조사측량(㉣)은 지적측량수행자에게 지적측량을 의뢰할 수 없다.

정답 | 02 ⑤ 03 ③ 04 ②

05 공간정보의 구축 및 관리 등에 관한 법령상 다음의 예시에 따를 경우 지적측량의 측량기간과 측량검사기간으로 옳은 것은?

제28회

- 지적기준점의 설치가 필요 없는 경우임
- 지적측량의뢰인과 지적측량수행자가 서로 합의하여 측량기간과 측량검사기간을 합쳐 40일로 정함

	측량기간	측량검사기간
①	33일	7일
②	30일	10일
③	26일	14일
④	25일	15일
⑤	20일	20일

톺아보기

측량기간은 30일, 측량검사기간은 10일로 한다.
지적측량의뢰인과 지적측량수행자가 서로 합의하여 따로 기간을 정하는 경우에는 그 기간에 따르되, 전체 기간의 4분의 3은 측량기간으로, 전체 기간의 4분의 1은 측량검사기간으로 본다(규칙 제25조 제4항).

더 알아보기

지적측량 및 검사기간(규칙 제25조 제3항·제4항)
- 지적측량의 측량기간은 5일로 하며, 측량검사기간은 4일로 한다.
- 다만, 지적기준점을 설치하여 측량 또는 측량검사를 하는 경우 지적기준점이 15점 이하인 경우에는 4일을, 15점을 초과하는 경우에는 4일에 15점을 초과하는 4점마다 1일을 가산한다.
- 지적측량의뢰인과 지적측량수행자가 서로 합의하여 따로 기간을 정하는 경우에는 그 기간에 따르되, 전체 기간의 4분의 3은 측량기간으로, 전체 기간의 4분의 1은 측량검사기간으로 본다.

06 공간정보의 구축 및 관리 등에 관한 법령상 지적측량의 측량기간 및 검사기간에 대한 설명이다. ( )에 들어갈 내용으로 옳은 것은? (단, 지적측량의뢰인과 지적측량수행자가 서로 합의하여 따로 기간을 정하는 경우는 제외함)   제34회

> 지적측량의 측량기간은 (㉠)일로 하며, 측량검사기간은 (㉡)일로 한다. 다만, 지적기준점을 설치하여 측량 또는 측량검사를 하는 경우 지적기준점이 15점 이하인 경우에는 (㉢)일을, 15점을 초과하는 경우에는 (㉣)일에 15점을 초과하는 (㉤)점마다 1일을 가산한다.

① ㉠: 4, ㉡: 4, ㉢: 4, ㉣: 4, ㉤: 3
② ㉠: 5, ㉡: 4, ㉢: 4, ㉣: 4, ㉤: 4
③ ㉠: 5, ㉡: 4, ㉢: 4, ㉣: 5, ㉤: 3
④ ㉠: 5, ㉡: 4, ㉢: 5, ㉣: 5, ㉤: 4
⑤ ㉠: 6, ㉡: 5, ㉢: 5, ㉣: 5, ㉤: 3

톺아보기

㉠은 5, ㉡은 4, ㉢은 4, ㉣은 4, ㉤은 4이다.
지적측량의 측량기간은 5일로 하며, 측량검사기간은 4일로 한다. 다만, 지적기준점을 설치하여 측량 또는 측량검사를 하는 경우 지적기준점이 15점 이하인 경우에는 4일을, 15점을 초과하는 경우에는 4일에 15점을 초과하는 4점마다 1일을 가산한다(규칙 제25조 제3항).

정답 | 05 ② 06 ②

07 공간정보의 구축 및 관리 등에 관한 법령상 지적측량수행자가 지적측량 의뢰를 받은 때 그 다음 날까지 지적소관청에 제출하여야 하는 것으로 옳은 것은? 제34회

① 지적측량 수행계획서
② 지적측량 의뢰서
③ 토지이동현황 조사계획서
④ 토지이동 정리결의서
⑤ 지적측량 결과서

톺아보기

지적측량수행자는 지적측량 의뢰를 받은 때에는 측량기간, 측량일자 및 측량 수수료 등을 적은 지적측량 수행계획서를 그 다음 날까지 지적소관청에 제출하여야 한다. 제출한 지적측량 수행계획서를 변경한 경우에도 같다(규칙 제25조 제2항).

08 공간정보의 구축 및 관리 등에 관한 법령상 지적측량 의뢰 등에 관한 설명으로 틀린 것은? 제25회

① 토지소유자는 토지를 분할하는 경우로서 지적측량을 할 필요가 있는 경우에는 지적측량수행자에게 지적측량을 의뢰하여야 한다.
② 지적측량을 의뢰하려는 자는 지적측량 의뢰서(전자문서로 된 의뢰서를 포함한다)에 의뢰 사유를 증명하는 서류(전자문서를 포함한다)를 첨부하여 지적측량수행자에게 제출하여야 한다.
③ 지적측량수행자는 지적측량 의뢰를 받은 때에는 측량기간, 측량일자 및 측량수수료 등을 적은 지적측량 수행계획서를 그 다음 날까지 지적소관청에 제출하여야 한다.
④ 지적기준점을 설치하지 않고 측량 또는 측량검사를 하는 경우 지적측량의 측량기간은 5일, 측량검사기간은 4일로 한다.
⑤ 지적측량의뢰인과 지적측량수행자가 서로 합의하여 따로 기간을 정하는 경우에는 그 기간에 따르되, 전체 기간의 5분의 3은 측량기간으로, 전체 기간의 5분의 2는 측량검사기간으로 본다.

톺아보기

⑤ 지적측량의뢰인과 지적측량수행자가 서로 합의하여 따로 기간을 정하는 경우에는 그 기간에 따르되, 전체 기간의 4분의 3은 측량기간으로, 전체 기간의 4분의 1은 측량검사기간으로 본다.

★ ③ 지적측량수행자는 지적측량 의뢰를 받은 때에는 측량기간, 측량일자 및 측량수수료 등을 적은 지적측량 수행계획서를 그 다음 날까지 지적소관청에 제출하여야 한다.

09 상중하

공간정보의 구축 및 관리 등에 관한 법령상 지적측량의 의뢰, 지적기준점성과의 보관·열람 및 등본 발급 등에 관한 설명으로 옳은 것은? 제33회

① 지적삼각보조점성과 및 지적도근점성과를 열람하거나 등본을 발급받으려는 자는 지적측량수행자에게 신청하여야 한다.
② 지적측량을 의뢰하려는 자는 지적측량 의뢰서에 의뢰 사유를 증명하는 서류를 첨부하여 지적소관청에 제출하여야 한다.
③ 시·도지사나 지적소관청은 지적기준점성과와 그 측량기록을 보관하고 일반인이 열람할 수 있도록 하여야 한다.
④ 지적소관청이 지적측량 의뢰를 받은 때에는 측량기간, 측량일자 및 측량 수수료 등을 적은 지적측량 수행계획서를 그 다음 날까지 지적측량수행자에게 제출하여야 한다.
⑤ 지적측량의뢰인과 지적측량수행자가 서로 합의하여 따로 기간을 정하는 경우에는 그 기간에 따르되, 전체 기간의 4분의 1은 측량기간으로, 전체 기간의 4분의 3은 측량검사기간으로 본다.

톺아보기

[오답해설]
① 지적측량기준점성과 또는 그 측량부를 열람하거나 등본을 발급받으려는 자는 지적삼각보조점성과 및 지적도근점성과에 대해서는 지적소관청에 신청하여야 한다(규칙 제26조 제1항).
② 지적측량을 의뢰하려는 자는 지적측량 의뢰서(전자문서로 된 의뢰서를 포함)에 의뢰 사유를 증명하는 서류(전자문서를 포함)를 첨부하여 지적측량수행자에게 제출하여야 한다(규칙 제25조 제1항).
④ 지적측량수행자는 지적측량 의뢰를 받은 때에는 측량기간, 측량일자 및 측량 수수료 등을 적은 지적측량 수행계획서를 그 다음 날까지 지적소관청에 제출하여야 한다(규칙 제25조 제2항).
⑤ 지적측량의뢰인과 지적측량수행자가 서로 합의하여 따로 기간을 정하는 경우에는 그 기간에 따르되, 전체 기간의 4분의 3은 측량기간으로, 전체 기간의 4분의 1은 측량검사기간으로 본다(규칙 제24조 제4항).

정답 | 07 ① 08 ⑤ 09 ③

10 공간정보의 구축 및 관리 등에 관한 법령상 지적기준점성과와 지적기준점성과의 열람 및 등본발급 신청기관의 연결이 옳은 것은? 제31회

① 지적삼각점성과 – 시·도지사 또는 지적소관청
② 지적삼각보조점성과 – 시·도지사 또는 지적소관청
③ 지적삼각보조점성과 – 지적소관청 또는 한국국토정보공사
④ 지적도근점성과 – 시·도지사 또는 한국국토정보공사
⑤ 지적도근점성과 – 지적소관청 또는 한국국토정보공사

톺아보기

★ 지적측량기준점성과 또는 그 측량부를 열람하거나 등본을 발급받으려는 자는 지적삼각점성과에 대해서는 특별시장·광역시장·특별자치시장·도지사·특별자치도지사(이하 '시·도지사'라 함) 또는 지적소관청에 신청하고, 지적삼각보조점성과 및 지적도근점성과에 대해서는 지적소관청에 신청하여야 한다(규칙 제26조 제1항).

더 알아보기
지적기준점성과의 관리 등

구분	성과의 관리	성과의 열람신청
지적삼각점	시·도지사	시·도지사, 지적소관청
지적삼각보조점	지적소관청	지적소관청
지적도근점	지적소관청	지적소관청

11 공간정보의 구축 및 관리 등에 관한 법령상 지적삼각보조점성과의 등본을 발급받으려는 경우 그 신청기관으로 옳은 것은? 제34회

① 시·도지사
② 시·도지사 또는 지적소관청
③ 지적소관청
④ 지적소관청 또는 한국국토정보공사
⑤ 한국국토정보공사

톺아보기

지적측량기준점성과 또는 그 측량부를 열람하거나 등본을 발급받으려는 자는 지적삼각점성과에 대해서는 특별시장·광역시장·특별자치시장·도지사·특별자치도지사(이하 '시·도지사'라 함) 또는 지적소관청에 신청하고, 지적삼각보조점성과 및 지적도근점성과에 대해서는 지적소관청에 신청하여야 한다(규칙 제26조 제1항).

12 상중하

공간정보의 구축 및 관리 등에 관한 법령상 지적측량 적부심사에 대한 재심사와 지적분야 측량기술자의 양성에 관한 사항을 심의·의결하기 위하여 설치한 위원회는?

제30회

① 축척변경위원회
② 중앙지적위원회
③ 토지수용위원회
④ 경계결정위원회
⑤ 지방지적위원회

톺아보기

중앙지적위원회에 대한 설명이다.

더 알아보기

지적위원회의 기능(법 제28조 제1항)

지방지적위원회	지적측량 적부심사
중앙지적위원회	• 지적 관련 정책 개발 및 업무 개선 등에 관한 사항 • 지적측량기술의 연구·개발 및 보급에 관한 사항 • 지적측량 적부심사(適否審査)에 대한 재심사(再審査) • 지적분야 측량기술자(이하 '지적기술자'라 함)의 양성에 관한 사항 • 지적기술자의 업무정지 처분 및 징계요구에 관한 사항

정답 | 10 ① 11 ③ 12 ②

13

공간정보의 구축 및 관리 등에 관한 법령상 중앙지적위원회의 구성 및 회의 등에 관한 설명으로 틀린 것은? 제27회

① 위원장은 국토교통부의 지적업무 담당 국장이, 부위원장은 국토교통부의 지적업무 담당 과장이 된다.
② 중앙지적위원회는 관계인을 출석하게 하여 의견을 들을 수 있으며, 필요하면 현지조사를 할 수 있다.
③ 중앙지적위원회는 위원장 1명과 부위원장 1명을 포함하여 5명 이상 10명 이하의 위원으로 구성한다.
④ 중앙지적위원회의 회의는 재적위원 과반수의 출석으로 개의(開議)하고, 출석위원 과반수의 찬성으로 의결한다.
⑤ 위원장이 중앙지적위원회의 회의를 소집할 때에는 회의 일시·장소 및 심의 안건을 회의 7일 전까지 각 위원에서 서면으로 통지하여야 한다.

톺아보기

★ 중앙지적위원회 위원장이 중앙지적위원회의 회의를 소집할 때에는 회의 일시·장소 및 심의 안건을 회의 5일 전까지 각 위원에게 서면으로 통지하여야 한다(영 제21조 제5항).

14

공간정보의 구축 및 관리 등에 관한 법령상 중앙지적위원회의 구성 및 회의 등에 관한 설명으로 옳은 것을 모두 고른 것은? 제34회

㉠ 중앙지적위원회의 간사는 국토교통부의 지적업무 담당 공무원 중에서 지적업무 담당 국장이 임명하며, 회의 준비, 회의록 작성 및 회의 결과에 따른 업무 등 중앙지적위원회의 서무를 담당한다.
㉡ 중앙지적위원회의 회의는 재적위원 과반수의 출석으로 개의(開議)하고, 출석위원 과반수의 찬성으로 의결한다.
㉢ 중앙지적위원회는 관계인을 출석하게 하여 의견을 들을 수 있으며, 필요하면 현지조사를 할 수 있다.
㉣ 위원장이 중앙지적위원회의 회의를 소집할 때에는 회의 일시·장소 및 심의 안건을 회의 7일 전까지 각 위원에게 서면으로 통지하여야 한다.

① ㉠, ㉡
② ㉡, ㉢
③ ㉠, ㉡, ㉢
④ ㉠, ㉢, ㉣
⑤ ㉡, ㉢, ㉣

톺아보기

옳은 것은 ⓒⓒ이다.
㉠ 중앙지적위원회의 간사는 국토교통부의 지적업무 담당 공무원 중에서 국토교통부장관이 임명하며, 회의 준비, 회의록 작성 및 회의 결과에 따른 업무 등 중앙지적위원회의 서무를 담당한다.
㉣ 위원장이 중앙지적위원회의 회의를 소집할 때에는 회의 일시·장소 및 심의 안건을 회의 5일 전까지 각 위원에게 서면으로 통지하여야 한다.

15 공간정보의 구축 및 관리 등에 관한 법령상 중앙지적위원회의 심의·의결사항으로 틀린 것은?   제31회

① 측량기술자 중 지적기술자의 양성에 관한 사항
② 지적측량기술의 연구·개발 및 보급에 관한 사항
③ 지적재조사 기본계획의 수립 및 변경에 관한 사항
④ 지적 관련 정책 개발 및 업무 개선 등에 관한 사항
⑤ 지적기술자의 업무정지 처분 및 징계요구에 관한 사항

톺아보기

지적재조사 기본계획의 수립 및 변경에 관한 사항은 국토교통부장관의 권한이다(「지적재조사에 관한 특별법」제4조).

정답 | 13 ⑤ 14 ② 15 ③

16. 공간정보의 구축 및 관리 등에 관한 법령상 지적위원회 및 지적측량의 적부심사 등에 관한 설명으로 틀린 것은?

제29회

① 토지소유자, 이해관계인 또는 지적측량수행자는 지적측량성과에 대하여 다툼이 있는 경우에는 관할 시·도지사를 거쳐 지방지적위원회에 지적측량 적부심사를 청구할 수 있다.
② 지방지적위원회는 지적측량에 대한 적부심사 청구사항과 지적기술자의 징계요구에 관한 사항을 심의·의결한다.
③ 시·도지사는 지방지적위원회의 의결서를 받은 날부터 7일 이내에 지적측량 적부심사 청구인 및 이해관계인에게 그 의결서를 통지하여야 한다.
④ 시·도지사로부터 의결서를 받은 자가 지방지적위원회의 의결에 불복하는 경우에는 그 의결서를 받은 날부터 90일 이내에 국토교통부장관을 거쳐 중앙지적위원회에 재심사를 청구할 수 있다.
⑤ 중앙지적위원회는 관계인을 출석하게 하여 의견을 들을 수 있으며, 필요하면 현지조사를 할 수 있다.

톺아보기

지적측량에 대한 적부심사는 지방지적위원회의 심의·의결사항이고, 지적기술자의 징계요구에 관한 사항은 중앙지적위원회의 심의·의결사항이다.

★ 지적측량 적부심사(適否審査)를 청구하려는 자는 심사청구서에 관련 서류를 첨부하여 특별시장·광역시장·특별자치시장·도지사 또는 특별자치도지사(이하 '시·도지사'라 함)를 거쳐 지방지적위원회에 제출하여야 한다(영 제24조 제1항).

더 알아보기

지적측량 적부심사의 절차

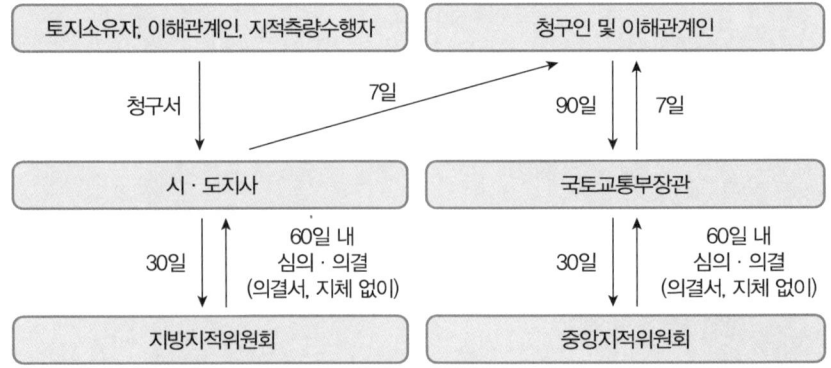

17 공간정보의 구축 및 관리 등에 관한 법령상 지적측량의 적부심사 등에 관한 설명으로 옳은 것은?

제32회

① 지적측량 적부심사청구를 받은 지적소관청은 30일 이내에 다툼이 되는 지적측량의 경위 및 그 성과, 해당 토지에 대한 토지이동 및 소유권 변동 연혁, 해당 토지 주변의 측량기준점, 경계, 주요 구조물 등 현황 실측도를 조사하여 지방지적위원회에 회부하여야 한다.
② 지적측량 적부심사청구를 회부받은 지방지적위원회는 부득이한 경우가 아닌 경우 그 심사청구를 회부받은 날부터 90일 이내에 심의·의결하여야 한다.
③ 지방지적위원회는 부득이한 경우에 심의기간을 해당 지적위원회의 의결을 거쳐 60일 이내에서 한 번만 연장할 수 있다.
④ 시·도지사는 지방지적위원회의 지적측량 적부심사 의결서를 받은 날부터 7일 이내에 지적측량 적부심사 청구인 및 이해관계인에게 그 의결서를 통지하여야 한다.
⑤ 의결서를 받은 자가 지방지적위원회의 의결에 불복하는 경우에는 그 의결서를 받은 날부터 90일 이내에 시·도지사를 거쳐 중앙지적위원회에 재심사를 청구할 수 있다.

톺아보기

오답해설

① 지적측량 적부심사청구를 받은 시·도지사는 30일 이내에 다툼이 되는 지적측량의 경위 및 그 성과 등 현황 실측도를 조사하여 지방지적위원회에 회부하여야 한다.
② 지적측량 적부심사청구를 회부받은 지방지적위원회는 부득이한 경우가 아닌 경우 그 심사청구를 회부받은 날부터 60일 이내에 심의·의결하여야 한다.
③ 지방지적위원회는 부득이한 경우에 심의기간을 해당 지적위원회의 의결을 거쳐 30일 이내에서 한 번만 연장할 수 있다.
★ ⑤ 의결서를 받은 자가 지방지적위원회의 의결에 불복하는 경우에는 그 의결서를 받은 날부터 90일 이내에 국토교통부장관을 거쳐 중앙지적위원회에 재심사를 청구할 수 있다.

정답 | 16 ② 17 ④

land.Hackers.com
해커스 공인중개사 **단원별 기출문제집**

3개년 출제비중분석

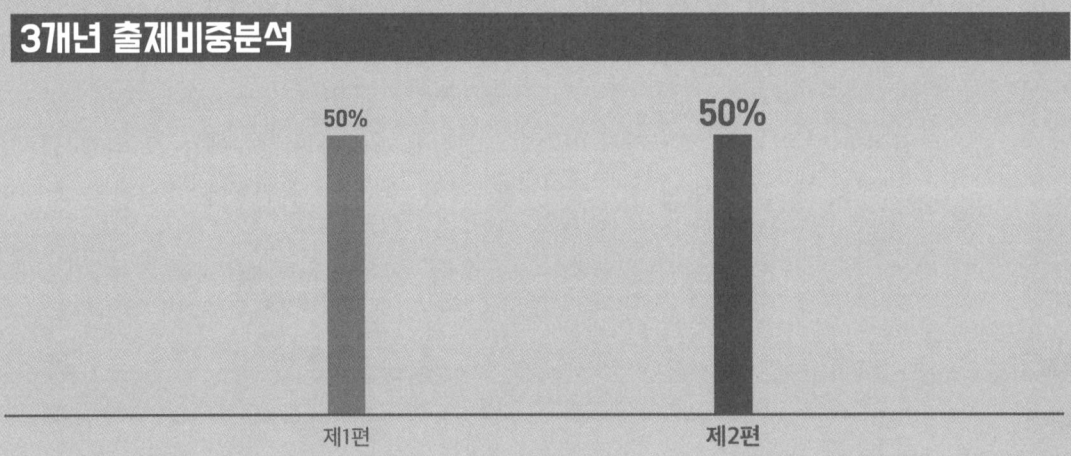

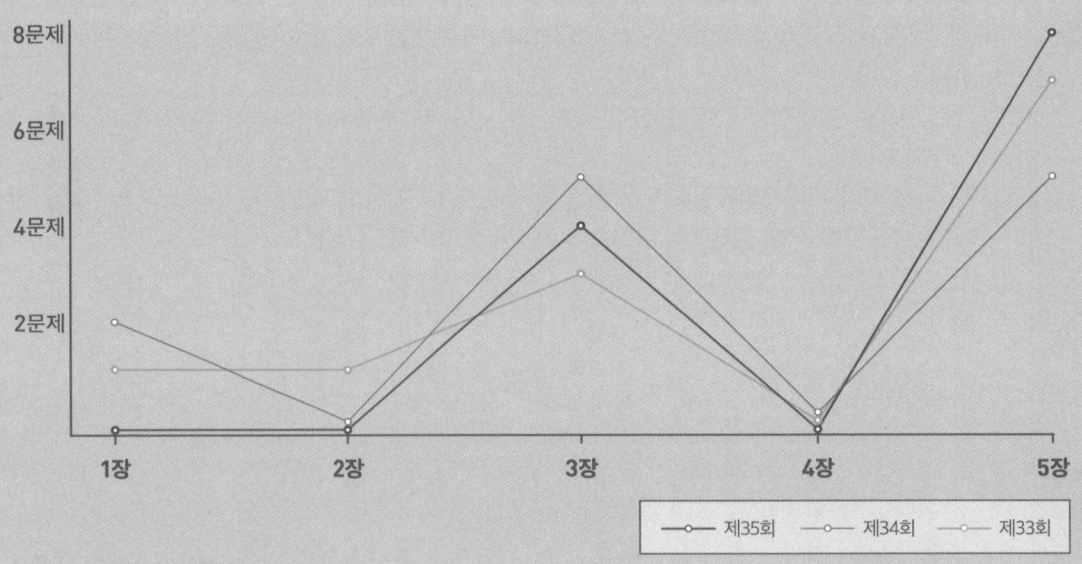

제2편

부동산등기법

제1장 총칙
제2장 등기기관과 설비
제3장 등기절차 총론
제4장 표시에 관한 등기
제5장 권리에 관한 등기

제1장 / 총칙

기본서 p.140~170

01 부기로 하는 등기로 옳은 것은?

제33회

① 부동산멸실등기
② 공유물 분할금지의 약정등기
③ 소유권이전등기
④ 토지분필등기
⑤ 부동산의 표시변경등기 등 표제부의 등기

톺아보기

공유물 분할금지의 약정등기는 부기등기로 실행하고, 나머지는 모두 주등기로 실행한다.

더 알아보기

부기등기로 하는 경우
- **소유권 이외의 권리를 목적으로 하는 등기**: 전세권(지상권) 목적의 저당권설정등기
- 소유권 외의 권리의 이전등기(전세권이전, 저당권이전등기 등)
- 소유권 외의 권리를 목적으로 하는 처분제한등기(가압류, 가처분, 경매신청등기)
- 권리질권등기
- 등기명의인 표시변경·경정등기
- 권리변경·경정등기(등기상 이해관계인이 없거나 이해관계인의 승낙서 등을 첨부한 경우는 부기등기, 승낙서 등의 첨부가 없으면 주등기)
- 일부말소회복등기(전부말소회복등기는 주등기)
- 환매특약등기
- 가등기의 가등기, 가등기상의 권리의 이전등기
- 권리소멸의 약정등기
- 공유물분할금지의 약정등기

02 등기상 이해관계 있는 제3자가 있는 경우에 그 제3자의 승낙이 없으면 부기등기로 할 수 없는 것은? 제29회

① 환매특약등기
② 지상권의 이전등기
③ 등기명의인표시의 변경등기
④ 지상권 위에 설정한 저당권의 이전등기
⑤ 근저당권에서 채권최고액 증액의 변경등기

톺아보기

★ 등기관이 권리의 변경이나 경정의 등기를 할 때에는 부기등기로 하여야 한다. 다만, 등기상 이해관계 있는 제3자의 승낙이 없는 경우에는 주등기로 하여야 한다(「부동산등기법」 제52조, 이하 제2편에서 '법'이라 한다).

03 부기등기를 하는 경우가 아닌 것은? 제30회

① 환매특약등기
② 권리소멸약정등기
③ 전세권을 목적으로 하는 저당권설정등기
④ 저당부동산의 저당권 실행을 위한 경매개시결정등기
⑤ 등기상 이해관계 있는 제3자의 승낙이 있는 경우, 권리의 변경등기

톺아보기

저당부동산의 저당권 실행을 위한 경매개시결정등기는 소유권을 대상으로 하므로 주등기로 실행한다.

정답 | 01 ② 02 ⑤ 03 ④

04 「부동산등기법」상 등기할 수 없는 것을 모두 고른 것은?
제34회

| ㉠ 분묘기지권 | ㉡ 전세권저당권 |
| ㉢ 주위토지통행권 | ㉣ 구분지상권 |

① ㉠, ㉢ ② ㉡, ㉣ ③ ㉠, ㉡, ㉢
④ ㉠, ㉢, ㉣ ⑤ ㉡, ㉢, ㉣

톺아보기

등기할 수 없는 것은 ㉠㉢이다.
분묘기지권(㉠)과 주위토지통행권(㉢)은 등기할 대상에 해당하지 아니한다. 전세권목적의 저당권(㉡)이나 구분지상권(㉣)은 등기의 대상에 해당한다.

더 알아보기
등기의 대상인 권리

구분	등기대상인 권리	등기대상이 아닌 권리
부동산 물권 (효력발생요건)	• 소유권 • 지상권, 지역권, 전세권, 구분지상권 • 저당권, 권리질권	• 점유권 • 유치권, 동산질권 • 관습상 분묘기지권
부동산 채권 (대항요건)	• 임차권 • 환매권 • 채권담보권	–

05 등기에 관한 설명으로 옳은 것을 모두 고른 것은?
제22회

㉠ 인터넷을 통해 인감증명서 발급예약을 신청하고 신용카드로 수수료를 결제한 경우, 예약에 따라 등기소에서 인감증명서의 작성이 완료된 후에는 그 신청을 철회할 수 없다.
㉡ 「하천법」상 하천으로 편입된 토지에 대해서는 소유권이전등기나 저당권설정등기를 할 수 없다.
㉢ 공작물대장에 등재된 해상관광용 호텔선박은 건물등기부에 등기할 수 있다.
㉣ 주위토지통행권의 확인판결을 받았더라도 이 통행권은 등기할 수 없다.
㉤ 1필 토지의 일부를 목적으로 하는 저당권이나 지상권은 등기할 수 있으나, '아파트 분양약관상의 일정기간 전매금지특약'은 등기할 수 없다.

① ㉠, ㉢ ② ㉠, ㉣ ③ ㉠, ㉣, ㉤
④ ㉡, ㉢, ㉤ ⑤ ㉡, ㉣

톺아보기

옳은 것은 ㉠㉣이다.
㉡ 「하천법」상 하천으로 편입된 토지에 대해서는 소유권이전등기나 저당권설정등기를 신청할 수 있다.
㉢ 공작물대장에 등재된 해상관광용 호텔선박은 등기할 수 없다.
㉤ 1필 토지의 일부를 목적으로 하는 저당권은 등기할 수 없다. 아파트분양약관은 계약에 해당하므로 등기할 사항을 정할 수 없다.

더 알아보기

일물일권주의 원칙과 그 예외

구분	용익물권 · 임차권설정	처분행위 (소유권이전 · 저당권설정 · 처분제한등기)
부동산의 일부	○	×
권리의 일부(지분)	×	○

등기대상인 경우와 아닌 경우(등기예규 제1086호)

등기대상인 경우	등기대상이 아닌 경우
• 「하천법」상의 하천(용익권은 제외) • 「도로법」상의 도로 • 방조제(지목: 제방) • 유류저장탱크, 사일로, 비각 • 농업용 고정식 유리온실 • 구분건물의 전유부분 · 부속건물 • 구분건물의 규약상 공용부분(관리사무실) • 조적조 및 컨테이너구조 슬레이트지붕 주택 • 경량철골조 경량패널지붕 건축물 • 개방형 축사(특례법)	• 공유수면(해면)하의 토지 • 교량, 터널 • 가건물 • 방조제의 부대시설(배수갑문, 양수기) • 임시로 지은 견본주택(모델하우스) • 구분건물의 구조상 공용부분(복도) • 옥외 풀장, 양어장, 치어장 • 경량철골조 혹은 조립식 패널구조의 건축물

정답 | 04 ① 05 ②

06 등기의 효력에 관한 설명으로 틀린 것은? (다툼이 있으면 판례에 따름) 제26회

① 등기를 마친 경우 그 등기의 효력은 대법원규칙으로 정하는 등기신청정보가 전산정보처리조직에 저장된 때 발생한다.
② 대지권을 등기를 한 후에 한 건물의 권리에 관한 등기는 건물만에 관한 것이라는 뜻의 부기등기가 없으면 대지권에 대하여 동일한 등기로서 효력이 있다.
③ 같은 주등기에 관한 부기등기 상호간의 순위는 그 등기 순서에 따른다.
④ 소유권이전등기청구권을 보전하기 위한 가등기에 대하여는 가압류등기를 할 수 없다.
⑤ 등기권리의 적법추정은 등기원인의 적법에서 연유한 것이므로 등기원인에도 당연히 적법추정이 인정된다.

톺아보기

소유권이전등기청구권을 보전하기 위한 가등기도 처분이 가능하므로 가등기에 대한 가압류등기를 할 수 있다.

07 등기의 효력에 관한 설명으로 틀린 것은? (다툼이 있으면 판례에 따름) 제32회

① 등기관이 등기를 마친 경우 그 등기는 접수한 때부터 효력이 발생한다.
② 소유권이전등기청구권보전을 위한 가등기에 기한 본등기가 된 경우 소유권이전의 효력은 본등기시에 발생한다.
③ 사망자 명의의 신청으로 마쳐진 이전등기에 대해서는 그 등기의 무효를 주장하는 자가 현재의 실체관계와 부합하지 않음을 증명할 책임이 있다.
④ 소유권이전등기청구권보전을 위한 가등기권리자는 그 본등기를 명하는 판결이 확정된 경우라도 가등기에 기한 본등기를 마치기 전 가등기만으로는 가등기된 부동산에 경료된 무효인 중복소유권보존등기의 말소를 청구할 수 없다.
⑤ 폐쇄된 등기기록에 기록되어 있는 등기사항에 관한 경정등기는 할 수 없다.

톺아보기

사망자 명의의 신청으로 이루어진 이전등기는 원인무효의 등기로서 등기의 추정력을 인정할 여지가 없으므로 그 등기의 유효를 주장하는 자가 현재의 실체관계와 부합함을 증명할 책임이 있다(대판 2017.12.22, 2017다360).

08 등기한 권리의 순위에 관한 설명으로 틀린 것은? (다툼이 있으면 판례에 따름)

제34회

① 부동산에 대한 가압류등기와 저당권설정등기 상호간의 순위는 접수번호에 따른다.
② 2번 저당권이 설정된 후 1번 저당권 일부이전의 부기등기가 이루어진 경우, 배당에 있어서 그 부기등기가 2번 저당권에 우선한다.
③ 위조된 근저당권해지증서에 의해 1번 근저당권등기가 말소된 후 2번 근저당권이 설정된 경우, 말소된 1번 근저당권등기가 회복되더라도 2번 근저당권이 우선한다.
④ 가등기 후에 제3자 명의의 소유권이전등기가 이루어진 경우, 가등기에 기한 본등기가 이루어지면 본등기는 제3자 명의 등기에 우선한다.
⑤ 집합건물 착공 전의 나대지에 대하여 근저당권이 설정된 경우, 그 근저당권등기는 집합건물을 위한 대지권등기에 우선한다.

톺아보기

등기가 부적법 말소된 경우에 해당 등기의 효력은 존속한다. 부적법 말소된 등기를 말소회복등기를 하면 종전 등기의 순위와 효력을 회복한다.

더 알아보기

순위확정적 효력

등기의 종류	순위비교
원칙	등기순서(같은 구에서 한 등기는 순위번호, 다른 구에서 한 등기는 접수번호에 따름)
부기등기의 순위	주등기의 순위(부기등기 상호간의 순위는 그 등기의 순서에 따름)
말소회복등기	종전 등기의 순위를 회복
가등기에 기한 본등기	본등기의 순위는 가등기의 순위에 따름(물권변동은 본등기시)
구분건물등기	대지권등기와 대지권의 목적인 토지등기기록 해당구에 한 등기(대지권 뜻의 등기)는 접수번호에 따름

정답 | 06 ④ 07 ③ 08 ③

09 등기에 관한 설명으로 틀린 것은? (다툼이 있으면 판례에 따름) 제26회

① 등기원인을 실제와 다르게 증여를 매매로 등기한 경우, 그 등기가 실체관계에 부합하면 유효하다.
② 미등기부동산을 대장상 소유자로부터 양수인이 이전받아 양수인 명의로 소유권보존등기를 한 경우, 그 등기가 실체관계에 부합하면 유효하다.
③ 전세권설정등기를 하기로 합의하였으나 당사자신청의 착오로 임차권으로 등기된 경우, 그 불일치는 경정등기로 시정할 수 있다.
④ 권리자는 甲임에도 불구하고 당사자신청의 착오로 乙 명의로 등기된 경우, 그 불일치는 경정등기로 시정할 수 없다.
⑤ 건물에 관한 보존등기상의 표시와 실제건물과의 사이에 건물의 건축시기, 건물 각 부분의 구조, 평수, 소재, 지번 등에 관하여 다소의 차이가 있다 할지라도 사회통념상 동일성 혹은 유사성이 인식될 수 있으면 그 등기는 해당 건물에 관한 등기로서 유효하다.

톺아보기

★ 전세권설정등기를 하기로 합의하였으나 당사자신청의 착오로 임차권으로 등기된 경우, 전세권등기와 임차권등기는 동일성이 인정되지 아니하므로 그 불일치는 경정등기로 시정할 수 없다.

더 알아보기

경정등기 – 경정등기절차에 관한 업무처리지침(등기예규 제1564호)

1. 권리에 관한 경정등기
   ㉠ 권리 자체를 경정(소유권이전등기를 저당권설정등기로 경정하거나 저당권설정등기를 전세권설정등기로 경정하는 경우)하거나 권리자 전체를 경정(권리자를 甲에서 乙로 경정하거나, 甲과 乙의 공동소유에서 丙과 丁의 공동소유로 경정하는 경우 등)하는 등기신청은 수리할 수 없다.
   ㉡ 경정등기를 할 수 있는 경우의 예시
      • 소유권보존등기의 경정: 단독소유의 소유권보존등기를 공동소유로 경정하거나 공동소유를 단독소유로 경정하는 경우
      • 상속으로 인한 소유권이전등기의 경정: 법정상속분대로 등기된 후 협의분할에 의하여 소유권경정등기를 신청하는 경우 또는 협의분할에 의한 상속등기 후 협의해제를 원인으로 법정상속분대로 소유권경정등기를 신청하는 경우
2. 등기명의인표시의 경정
   ㉠ 등기명의인표시경정의 의의: 등기명의인표시경정이란 등기명의인의 성명, 주소, 또는 주민등록번호 등을 경정하는 것을 말한다. 등기명의인의 수를 증감하는 것(단독소유를 공유로, 공유를 단독소유로 하는 경우 등)은 등기명의인표시경정이 아니다.
   ㉡ 인격의 동일성: 등기명의인표시경정등기는 경정 전후의 등기가 표창하고 있는 등기명의인이 인격의 동일성을 유지하는 경우에만 신청할 수 있다. 법인 아닌 사단을 법인으로 경정하는 등기를 신청하는 등 동일성을 해하는 신청은 수리할 수 없다.

정답 | 09 ③

제2장 / 등기기관과 설비

기본서 p.172~190

01 □□□ 상**중**하

등기부 등에 관한 설명으로 틀린 것은? 제27회

① 폐쇄한 등기기록은 영구히 보존해야 한다.
② A토지를 B토지에 합병하여 등기관이 합필등기를 한 때에는 A토지에 관한 등기기록을 폐쇄해야 한다.
③ 등기부부본자료는 등기부와 동일한 내용으로 보조기억장치에 기록된 자료이다.
④ 구분건물등기기록에는 표제부를 1동의 건물에 두고 전유부분에는 갑구와 을구만 둔다.
⑤ 등기사항증명서 발급신청시 매매목록은 그 신청이 있는 경우에만 등기사항증명서에 포함하여 발급한다.

톺아보기

구분건물등기기록에는 1동의 건물에 대한 표제부를 두고 전유부분마다 표제부, 갑구, 을구를 둔다(「부동산등기규칙」 제14조, 이하 제2편에서 '규칙'이라 한다).

더 알아보기

구분건물의 등기기록의 구성

1동 건물의 표제부	• 윗부분은 1동의 건물의 표시 • 아랫부분은 대지권의 목적인 토지의 표시: 토지의 일련번호, 소재, 지번, 지목, 면적 등을 기록
구분건물의 표제부	• 윗부분은 전유부분의 건물의 표시(소재와 지번은 제외) • 아랫부분은 대지권의 표시: 토지의 일련번호, 대지권의 종류와 비율 등을 기록
규약상 공용부분	전유부분 표제부만을 둔다(갑구와 을구는 말소표시를 하여야 함).

정답 | 01 ④

02 부동산등기에 관한 설명으로 틀린 것은?
상중하 제32회

① 건물소유권의 공유지분 일부에 대하여는 전세권설정등기를 할 수 없다.
② 구분건물에 대하여는 전유부분마다 부동산고유번호를 부여한다.
③ 폐쇄한 등기기록에 대해서는 등기사항의 열람은 가능하지만 등기사항증명서의 발급은 청구할 수 없다.
④ 전세금을 증액하는 전세권변경등기는 등기상 이해관계 있는 제3자의 승낙 또는 이에 대항할 수 있는 재판의 등본이 없으면 부기등기가 아닌 주등기로 해야 한다.
⑤ 등기관이 부기등기를 할 때에는 주등기 또는 부기등기의 순위번호에 가지번호를 붙여서 하여야 한다.

톺아보기

폐쇄한 등기기록에 관하여는 등기기록에 기록되어 있는 사항의 전부 또는 일부의 열람(閱覽)과 이를 증명하는 등기사항증명서의 발급을 청구할 수 있다(법 제20조 제3항).

03 전산이기된 등기부 등에 관한 설명으로 틀린 것은?
상중하 제33회

① 등기부는 영구(永久)히 보존해야 한다.
② 등기부는 법관이 발부한 영장에 의하여 압수하는 경우에는 대법원규칙으로 정하는 보관·관리 장소 밖으로 옮길 수 있다.
③ 등기관이 등기를 마쳤을 때는 등기부부본자료를 작성해야 한다.
④ 등기원인을 증명하는 정보에 대하여는 이해관계 있는 부분만 열람을 청구할 수 있다.
⑤ 등기관이 등기기록의 전환을 위해 등기기록에 등기된 사항을 새로운 등기기록에 옮겨 기록한 때에는 종전 등기기록을 폐쇄해야 한다.

톺아보기

신청서나 그 부속서류에 대하여는 법관이 발부한 영장에 의하여 압수할 수 있지만, 등기부는 압수의 대상이 아니다.

정답 | 02 ③ 03 ②

제3장 / 등기절차 총론

기본서 p.192~255

01 甲이 그 소유의 부동산을 乙에게 매도한 경우에 관한 설명으로 틀린 것은? 제30회

① 乙이 부동산에 대한 소유권을 취득하기 위해서는 소유권이전등기를 해야 한다.
② 乙은 甲의 위임을 받더라도 그의 대리인으로서 소유권이전등기를 신청할 수 없다.
③ 乙이 소유권이전등기신청에 협조하지 않는 경우, 甲은 乙에게 등기신청에 협조할 것을 소구(訴求)할 수 있다.
④ 甲이 소유권이전등기신청에 협조하지 않는 경우, 乙은 승소판결을 받아 단독으로 소유권이전등기를 신청할 수 있다.
⑤ 소유권이전등기가 마쳐지면, 乙은 등기신청을 접수한 때 부동산에 대한 소유권을 취득한다.

톺아보기

방문신청의 경우에 매수인이 매도인의 위임을 받으면 대리인으로서 등기를 신청할 수 있다.

정답 | 01 ②

02 관공서의 촉탁등기에 관한 설명으로 틀린 것은?

제32회

① 관공서가 경매로 인하여 소유권이전등기를 촉탁하는 경우, 등기기록과 대장상의 부동산의 표시가 부합하지 않은 때에는 그 등기촉탁을 수리할 수 없다.
② 관공서가 등기를 촉탁하는 경우 우편에 의한 등기촉탁도 할 수 있다.
③ 등기의무자인 관공서가 등기권리자의 청구에 의하여 등기를 촉탁하는 경우, 등기의무자의 권리에 관한 등기필정보를 제공할 필요가 없다.
④ 등기권리자인 관공서가 부동산거래의 주체로서 등기를 촉탁할 수 있는 경우라도 등기의무자와 공동으로 등기를 신청할 수 있다.
⑤ 촉탁에 따른 등기절차는 법률에 다른 규정이 없는 경우에는 신청에 따른 등기에 관한 규정을 준용한다.

톺아보기

법 제29조 제11호는 그 등기명의인이 등기신청을 하는 경우에 적용되는 규정이므로, 관공서가 등기촉탁을 하는 경우에는 등기기록과 대장상의 부동산의 표시가 부합하지 아니하더라도 그 등기촉탁을 수리하여야 한다(관공서의 촉탁등기에 관한 예규 제1759호).

더 알아보기

촉탁등기에 관한 예규
- 등기촉탁을 할 수 있는 관공서의 범위는 원칙은 국가 또는 지방자치단체로 한다.
- 우편에 의한 등기촉탁이 가능하다.
- 관공서는 촉탁에 의하지 아니하고 공동신청에 의하여 등기할 수 있다.
- 관공서의 촉탁시 등기의무자의 권리에 관한 등기필정보를 첨부하지 아니한다.
- 등기의무자의 주소를 증명하는 서면을 첨부하지 아니한다.
- 관공서의 촉탁시 등기기록과 대장의 표시가 불일치하는 경우에도 촉탁을 수리한다.

03 등기의 촉탁에 관한 설명으로 <u>틀린</u> 것은?

제35회

① 관공서가 상속재산에 대해 체납처분으로 인한 압류등기를 촉탁하는 경우, 상속인을 갈음하여 상속으로 인한 권리이전의 등기를 함께 촉탁할 수 없다.
② 법원의 촉탁으로 실행되어야 할 등기가 신청된 경우, 등기관은 그 등기신청을 각하해야 한다.
③ 법원은 수탁자 해임의 재판을 한 경우, 지체 없이 신탁원부 기록의 변경등기를 등기소에 촉탁하여야 한다.
④ 관공서가 등기를 촉탁하는 경우 우편으로 그 촉탁서를 제출할 수 있다.
⑤ 촉탁에 따른 등기절차는 법률에 다른 규정이 없는 경우에는 신청에 따른 등기에 관한 규정을 준용한다.

톺아보기

관공서가 체납처분으로 인한 압류등기를 촉탁하는 경우에는 등기명의인 또는 상속인, 그 밖의 포괄승계인을 갈음하여 부동산의 표시, 등기명의인의 표시의 변경, 경정 또는 상속, 그 밖의 포괄승계로 인한 권리이전의 등기를 함께 촉탁할 수 있다(법 제96조).

정답 | 02 ① 03 ①

04 등기당사자능력에 관한 설명으로 옳은 것은? (다툼이 있으면 판례에 따름) 제28회

① 태아로 있는 동안에는 태아의 명의로 대리인이 등기를 신청한다.
② 「민법」상 조합은 직접 자신의 명의로 등기를 신청한다.
③ 지방자치단체와 같은 공법인은 직접 자신의 명의로 등기를 신청할 수 없다.
④ 사립학교는 설립주체가 누구인지를 불문하고 학교 명의로 등기를 신청한다.
⑤ 법인 아닌 사단은 그 사단의 명의로 대표자나 관리인이 등기를 신청한다.

톺아보기

오답해설
① 태아 명의의 등기는 허용되지 아니한다.
② 「민법」상 조합은 등기당사자능력을 부정한다.
③ 지방자치단체는 등기당사자능력을 인정한다.
④ 학교 명의의 등기는 허용되지 아니한다.

더 알아보기
등기신청적격의 인정 여부

등기신청적격 인정	등기신청적격 부정
• 자연인(외국인 포함)	• 사자명의, 태아
• 법인(국가, 지방자치단체, 특별법상의 조합)	• 「민법」상의 조합(조합원 전원 명의로 등기 가능)
• 권리능력 없는 사단·재단(종중, 문중, 종파, 정당, 교회, 사찰, 주무관청에서 인가를 취소당한 주택조합 등)	• 읍·면·동·리(동·리는 비법인사단으로는 등기 가능)
	• 사립학교(재단법인 명의로는 등기 가능)

05 「부동산등기법」상 등기의 당사자능력에 관한 설명으로 틀린 것은? 제32회

① 법인 아닌 사단(社團)은 그 사단 명의로 대표자가 등기를 신청할 수 있다.
② 시설물로서의 학교는 학교 명의로 등기할 수 없다.
③ 행정조직인 읍, 면은 등기의 당사자능력이 없다.
④ 「민법」상 조합을 채무자로 표시하여 조합 재산에 근저당권설정등기를 할 수 있다.
⑤ 외국인은 법령이나 조약의 제한이 없는 한 자기 명의로 등기신청을 하고 등기명의인이 될 수 있다.

톺아보기

「민법」상 조합은 등기신청적격이 인정되지 않으며, 채무자로 표시하여 근저당권설정등기를 신청할 수도 없다.

06 법인 아닌 사단이 등기신청을 하는 경우, 등기소에 제공하여야 할 정보에 관한 설명으로 틀린 것은?

제26회

① 대표자의 성명, 주소 및 주민등록번호를 신청정보의 내용으로 제공하여야 한다.
② 법인 아닌 사단이 등기권리자인 경우, 사원총회결의가 있었음을 증명하는 정보를 첨부정보로 제공하여야 한다.
③ 등기되어 있는 대표자가 등기를 신청하는 경우, 대표자임을 증명하는 정보를 첨부정보로 제공할 필요가 없다.
④ 대표자의 주소 및 주민등록번호를 증명하는 정보를 첨부정보로 제공하여야 한다.
⑤ 정관이나 그 밖의 규약의 정보를 첨부정보로 제공하여야 한다.

톺아보기

★ 법인 아닌 사단이 등기의무자인 경우, 사원총회결의가 있었음을 증명하는 정보를 첨부정보로 제공하여야 한다.

더 알아보기

비법인사단 또는 재단 명의의 등기신청

신청정보의 기록사항	비법인사단의 대표자 또는 관리인의 성명, 주소 및 주민등록번호를 기재(등기권리자일 경우 비법인사단의 부동산등기용등록번호)
첨부정보	1. 정관 기타의 규약 2. 대표자 또는 관리인을 증명하는 서면 3. 사원총회의 결의서(비법인사단이 등기의무자인 경우) 4. 인감증명: 위 2.와 3.의 서면에 그 사실을 확인하는 2인 이상의 성년자가 사실과 상위 없다는 취지와 성명을 기재하고 인감을 날인(날인한 인감증명을 제출) 5. 대표자 또는 관리인의 주민등록표등본 6. 부동산등기용등록번호 증명서면(비법인사단이 등기권리자인 경우)
비법인사단 명의 등기의 허용 여부	1. '계' 명의의 등기: 허용함(비법인사단으로서 성격을 갖춘 경우) 2. '학교' 명의의 등기: 허용하지 않음 3. '동' 명의의 등기: 허용함(동민이 비법인사단을 구성한 경우)

정답 | 04 ⑤   05 ④   06 ②

07 등기권리자와 등기의무자에 관한 설명으로 틀린 것은? 제30회

① 실체법상 등기권리자와 절차법상 등기권리자는 일치하지 않는 경우도 있다.
② 실체법상 등기권리자는 실체법상 등기의무자에 대해 등기신청에 협력할 것을 요구할 권리를 가진 자이다.
③ 절차법상 등기의무자에 해당하는지 여부는 등기기록상 형식적으로 판단해야 하고, 실체법상 권리의무에 대해서는 고려해서는 안 된다.
④ 甲이 자신의 부동산에 설정해 준 乙 명의의 저당권설정등기를 말소하는 경우, 甲이 절차법상 등기권리자에 해당한다.
⑤ 부동산이 甲 ⇨ 乙 ⇨ 丙으로 매도되었으나 등기명의가 甲에게 남아 있어 丙이 乙을 대위하여 소유권이전등기를 신청하는 경우, 丙은 절차법상 등기권리자에 해당한다.

톺아보기

부동산이 甲 ⇨ 乙 ⇨ 丙으로 매도되었으나 등기명의가 甲에게 남아 있어 丙이 乙을 대위하여 등기를 신청하는 경우, 乙의 명의로 등기를 경료하므로 절차법상 등기권리자는 乙이 된다.

더 알아보기

등기권리자와 등기의무자의 구별

구분	등기권리자	등기의무자
실체법상	등기청구권을 행사하는 자	등기청구권에 협력의무자
절차법상	등기부의 기재형식상 권리의 취득 또는 이익자	등기부의 기재형식상 권리를 상실 또는 불이익자

각종 등기의 등기권리자와 등기의무자의 구별

구분	등기권리자	등기의무자
매매로 인한 소유권이전등기	매수인	매도인
환매특약등기	매도인	매수인
신탁등기	수탁자	신탁자 또는 위탁자
전세권변경(전세금 증액, 기간의 연장)	전세권자	전세권설정자
전세권변경(전세금 감액, 기간의 감축)	전세권설정자	전세권자
전세권 목적의 저당권설정등기	저당권자	전세권자
저당권이전등기	저당권의 양수인	저당권자
저당권이전등기 후의 말소등기	저당권설정자	저당권의 양수인
저당권설정 후 소유권이 이전된 경우 저당권말소등기	저당권설정자, 현재의 소유자	저당권자
채무자변경의 경우 저당권변경등기	저당권자	저당권설정자
가등기에 기한 본등기	가등기권자	원래의 가등기의무자

08 절차법상 등기권리자와 등기의무자를 옳게 설명한 것을 모두 고른 것은? 제31회

㉠ 甲 소유로 등기된 토지에 설정된 乙 명의의 근저당권을 丙에게 이전하는 등기를 신청하는 경우, 등기의무자는 乙이다.
㉡ 甲에서 乙로, 乙에서 丙으로 순차로 소유권이전등기가 이루어졌으나 乙 명의의 등기가 원인무효임을 이유로 甲이 丙을 상대로 丙 명의의 등기말소를 명하는 확정판결을 얻은 경우, 그 판결에 따른 등기에 있어서 등기권리자는 甲이다.
㉢ 채무자 甲에서 乙로 소유권이전등기가 이루어졌으나 甲의 채권자 丙이 등기원인이 사해행위임을 이유로 그 소유권이전등기의 말소판결을 받은 경우, 그 판결에 따른 등기에 있어서 등기권리자는 甲이다.

① ㉡
② ㉢
③ ㉠, ㉡
④ ㉠, ㉢
⑤ ㉡, ㉢

톺아보기

옳게 설명한 것은 ㉠㉢이다.
㉠ 甲 소유로 등기된 토지에 설정된 乙 명의의 근저당권을 丙에게 이전하는 등기를 신청하는 경우, 저당권이전등기의 등기권리자는 丙(저당권양수인), 등기의무자는 乙(저당권자 또는 저당권양도인)이다.
★ ㉡ 甲에서 乙로, 乙에서 丙으로 순차로 소유권이전등기가 이루어졌으나 乙 명의의 등기가 원인무효임을 이유로 甲이 丙을 상대로 丙 명의의 등기말소를 명하는 확정판결을 얻은 경우, 甲이 乙을 대위하여 丙 명의의 등기를 말소하므로 등기권리자는 乙, 등기의무자는 丙이다.
㉢ 채무자 甲에서 乙로 소유권이전등기가 이루어졌으나 甲의 채권자 丙이 등기원인이 사해행위임을 이유로 그 소유권이전등기의 말소판결을 받은 경우, 乙의 등기가 말소되고 소유권이 甲에게 복귀하므로 등기권리자는 甲이다.

정답 | 07 ⑤ 08 ④

09 등기신청인에 관한 설명 중 옳은 것을 모두 고른 것은? 제33회

㉠ 부동산표시의 변경이나 경정의 등기는 소유권의 등기명의인이 단독으로 신청한다.
㉡ 채권자가 채무자를 대위하여 등기신청을 하는 경우, 채무자가 등기신청인이 된다.
㉢ 대리인이 방문하여 등기신청을 대리하는 경우, 그 대리인은 행위능력자임을 요하지 않는다.
㉣ 부동산에 관한 근저당권설정등기의 말소등기를 함에 있어 근저당권 설정 후 소유권이 제3자에게 이전된 경우, 근저당권설정자 또는 제3취득자는 근저당권자와 공동으로 그 말소등기를 신청할 수 있다.

① ㉠, ㉢   ② ㉡, ㉣   ③ ㉠, ㉢, ㉣
④ ㉡, ㉢, ㉣   ⑤ ㉠, ㉡, ㉢, ㉣

톺아보기

옳은 것은 ㉠㉢㉣이다.
㉡ 채권자대위등기를 신청하는 경우, 채권자가 등기신청인이 된다.
★ ㉣ 부동산에 관한 근저당권설정등기의 말소등기를 함에 있어 근저당권 설정 후 소유권이 제3자에게 이전된 경우, 근저당권설정자 또는 제3취득자는 근저당권자와 공동으로 그 말소등기를 신청할 수 있다.

10 등기권리자와 등기의무자가 공동으로 등기신청을 해야 하는 것은? (단, 판결 등 집행권원에 의한 등기신청은 제외함) 제35회

① 소유권보존등기의 말소등기를 신청하는 경우
② 법인의 합병으로 포괄승계에 따른 등기를 신청하는 경우
③ 등기명의인표시의 경정등기를 신청하는 경우
④ 토지를 수용한 사업시행자가 수용으로 인한 소유권이전등기를 신청하는 경우
⑤ 변제로 인한 피담보채권의 소멸에 의해 근저당권설정등기의 말소등기를 신청하는 경우

톺아보기

피담보채권의 소멸에 의해 근저당권설정등기의 말소등기는 등기권리자와 등기의무자가 공동으로 신청한다.

더 알아보기

단독신청 등기

구분	단독신청할 수 있는 경우	단독신청할 수 없는 경우
당사자가 1인만 존재	• 보존등기, 보존등기의 말소 • 상속등기 • 혼동으로 인한 말소등기 • 사망으로 소멸한 권리의 말소등기 • 등기의무자가 소재불명인 경우 말소등기	• 각종 권리의 등기 • 포괄승계인에 의한 등기 • 유증으로 인한 등기 • 말소등기
표시의 등기	• 등기명의인 표시변경등기 • 토지(건물)표시변경등기 • 멸실등기	• 권리의 변경·경정등기 • 말소회복등기
등기진정성 보장	• 판결에 의한 등기 • 토지수용으로 인한 소유권이전등기	• 공정증서에 의한 등기 • 수용실효에 의한 말소등기
기타	• 신탁등기 • 가등기의 신청 또는 가등기말소등기(예외) • 규약상 공용부분 뜻의 등기 • 가처분권리자가 본안사건에서 승소한 경우	• 가등기 • 가등기에 의한 본등기

정답 | 09 ③ 10 ⑤

11 등기권리자 또는 등기명의인이 단독으로 신청하는 등기에 관한 설명으로 틀린 것을 모두 고른 것은?

제28회

> ㉠ 등기의 말소를 공동으로 신청해야 하는 경우, 등기의무자의 소재불명으로 제권판결을 받으면 등기권리자는 그 사실을 증명하여 단독으로 등기의 말소를 신청할 수 있다.
> ㉡ 수용으로 인한 소유권이전등기를 하는 경우, 등기권리자는 그 목적물에 설정되어 있는 근저당권설정등기의 말소등기를 단독으로 신청하여야 한다.
> ㉢ 이행판결에 의한 등기는 승소한 등기권리자가 단독으로 신청할 수 있다.
> ㉣ 말소등기 신청시 등기의 말소에 대하여 등기상 이해관계 있는 제3자의 승낙이 있는 경우, 그 제3자 명의의 등기는 등기권리자의 단독신청으로 말소된다.
> ㉤ 등기명의인 표시변경등기는 해당 권리의 등기명의인이 단독으로 신청할 수 있다.

① ㉠, ㉢   ② ㉠, ㉣   ③ ㉡, ㉣
④ ㉡, ㉤   ⑤ ㉢, ㉤

톺아보기

틀린 것은 ㉡㉣이다.

㉠ 등기권리자가 등기의무자의 소재불명으로 인하여 공동으로 등기의 말소를 신청할 수 없을 때에는 「민사소송법」에 따라 공시최고(公示催告)를 신청할 수 있다. 이 경우에 제권판결(除權判決)이 있으면 등기권리자가 그 사실을 증명하여 단독으로 등기의 말소를 신청할 수 있다(법 제56조).
㉡ 수용으로 인한 소유권이전등기를 하는 경우, 그 목적물에 설정되어 있는 근저당권등기는 등기관이 직권으로 말소한다.
★ ㉢ 등기절차의 이행 또는 인수를 명하는 판결에 의한 등기는 승소한 등기권리자 또는 등기의무자가 단독으로 신청하고, 공유물을 분할하는 판결에 의한 등기는 등기권리자 또는 등기의무자가 단독으로 신청한다(법 제23조 제4항).
㉣ 말소등기 신청시 등기의 말소에 대하여 등기상 이해관계 있는 제3자의 승낙이 있는 경우, 그 제3자 명의의 등기는 등기관이 직권으로 말소한다.
㉤ 등기명의인표시의 변경이나 경정의 등기는 해당 권리의 등기명의인이 단독으로 신청한다(법 제23조 제6항).

📖 **더 알아보기**

판결에 의한 등기(등기예규 제1692호)

판결의 요건	• 등기신청절차의 이행을 명하는 이행판결이어야 한다. 다만, 공유물분할판결의 경우에는 예외로 한다. • 법 제23조 제4항의 판결은 확정판결이어야 한다(확정되지 아니한 가집행선고가 붙은 판결은 등기관이 그 신청을 각하). • 화해조서·인낙조서, 화해권고결정 등도 그 내용에 등기의무자의 등기신청에 관한 의사표시의 기재가 있는 경우에는 등기권리자가 단독으로 등기를 신청할 수 있다.
판결의 확정시기	등기절차의 이행을 명하는 확정판결을 받았다면 그 확정시기에 관계없이, 즉 확정 후 10년이 경과하였다 하더라도 그 판결에 의한 등기신청을 할 수 있다.
신청인	• 승소한 등기권리자, 승소한 등기의무자는 단독으로 판결에 의한 등기신청을 할 수 있다. • 패소한 등기의무자는 그 판결에 기하여 직접 등기권리자 명의의 등기신청을 하거나 승소한 등기권리자를 대위하여 등기신청을 할 수 없다. • 공유물분할판결이 확정되면 소송 당사자는 원고·피고에 관계없이 그 확정판결을 첨부하여 등기권리자 단독으로 공유물분할을 원인으로 지분이전등기를 신청할 수 있다.
등기원인과 그 연월일	• **이행판결**: 그 판결주문에 명시된 등기원인과 그 연월일을 기재한다. 다만, 등기원인과 연월일이 명시되어 있지 아니한 경우 등기원인은 '확정판결'을, 그 연월일은 '판결선고일'을 기재한다. • **형성판결**: 등기원인은 '판결에서 행한 형성처분'을 기재하고, 그 연월일은 '판결확정일'을 기재한다.

정답 | 11 ③

12 단독으로 등기신청할 수 있는 것을 모두 고른 것은? (단, 판결 등 집행권원에 의한 신청은 제외함)
제32회

㉠ 가등기명의인의 가등기말소등기 신청
㉡ 토지를 수용한 한국토지주택공사의 소유권이전등기 신청
㉢ 근저당권의 채권최고액을 감액하는 근저당권자의 변경등기 신청
㉣ 포괄유증을 원인으로 하는 수증자의 소유권이전등기 신청

① ㉠
② ㉠, ㉡
③ ㉡, ㉢
④ ㉠, ㉢, ㉣
⑤ ㉡, ㉢, ㉣

톺아보기

단독으로 등기신청할 수 있는 것은 ㉠㉡이다.
㉠㉡ 가등기명의인의 가등기말소등기 신청 또는 토지를 수용한 한국토지주택공사의 소유권이전등기 신청은 단독으로 신청할 수 있다.
㉢ 근저당권의 채권최고액을 감액하는 근저당권자의 변경등기는 공동으로 신청한다.
㉣ 포괄유증을 원인으로 하는 수증자의 소유권이전등기 신청은 공동으로 신청한다.

13 채권자 甲이 채권자대위권에 의하여 채무자 乙을 대위하여 등기신청하는 경우에 관한 설명으로 옳은 것을 모두 고른 것은?

제31회

> ㉠ 乙에게 등기신청권이 없으면 甲은 대위등기를 신청할 수 없다.
> ㉡ 대위등기신청에서는 乙이 등기신청인이다.
> ㉢ 대위등기를 신청할 때 대위원인을 증명하는 정보를 첨부하여야 한다.
> ㉣ 대위신청에 따른 등기를 한 경우, 등기관은 乙에게 등기완료의 통지를 하여야 한다.

① ㉠, ㉡
② ㉠, ㉢
③ ㉡, ㉣
④ ㉠, ㉢, ㉣
⑤ ㉡, ㉢, ㉣

톺아보기

옳은 것은 ㉠㉢㉣이다.
㉠ 채무자에게 등기신청권이 없으면 채권자도 대위등기를 신청할 수 없다.
㉡ 대위등기신청에서는 채권자 甲이 등기신청인이다.
㉢ 대위등기를 신청할 때 대위원인을 증명하는 정보(공정증서 및 사서증서도 가능)를 첨부하여야 한다.
㉣ 대위신청에 따른 등기를 한 경우, 등기관은 등기필정보를 작성·교부하지 아니하고 채권자와 채무자에게 등기완료의 통지를 하여야 한다(규칙 제53조).

14 부동산등기에 관한 설명으로 옳은 것은? 제31회

① 저당권부채권에 대한 질권의 설정등기는 할 수 없다.
② 등기기록 중 다른 구(區)에서 한 등기 상호간에는 등기한 권리의 순위는 순위번호에 따른다.
③ 대표자가 있는 법인 아닌 재단에 속하는 부동산의 등기에 관하여는 그 대표자를 등기권리자 또는 등기의무자로 한다.
④ 甲이 그 소유부동산을 乙에게 매도하고 사망한 경우, 甲의 단독상속인 丙은 등기의무자로서 甲과 乙의 매매를 원인으로 하여 甲으로부터 乙로의 이전등기를 신청할 수 있다.
⑤ 구분건물로서 그 대지권의 변경이 있는 경우에는 구분건물의 소유권의 등기명의인은 1동의 건물에 속하는 다른 구분건물의 소유권의 등기명의인을 대위하여 그 변경등기를 신청할 수 없다.

톺아보기

④ 포괄승계인에 의한 등기에 해당한다.

오답해설
① 저당권부채권에 대한 질권의 설정등기는 권리질권으로 등기할 수 있다.
② 등기기록 중 다른 구(區)에서 한 등기 상호간에는 등기한 권리의 순위는 접수번호에 따른다.
③ 대표자가 있는 법인 아닌 재단에 속하는 부동산의 등기에 관하여는 그 법인 아닌 재단을 등기권리자 또는 등기의무자로 한다.
★ ⑤ 구분건물로서 그 대지권의 변경이 있는 경우에는 구분건물의 소유권의 등기명의인은 1동의 건물에 속하는 다른 구분건물의 소유권의 등기명의인을 대위하여 그 변경등기를 신청할 수 있다.

15 등기신청에 관한 설명으로 틀린 것은? (다툼이 있으면 판례에 따름) 제33회

① 상속인이 상속포기를 할 수 있는 기간 내에는 상속인의 채권자가 대위권을 행사하여 상속등기를 신청할 수 없다.
② 가등기를 마친 후에 가등기권자가 사망한 경우, 그 상속인은 상속등기를 할 필요 없이 상속을 증명하는 서면을 첨부하여 가등기의무자와 공동으로 본등기를 신청할 수 있다.
③ 건물이 멸실된 경우, 그 건물소유권의 등기명의인이 1개월 이내에 멸실등기신청을 하지 않으면 그 건물대지의 소유자가 그 건물소유권의 등기명의인을 대위하여 멸실등기를 신청할 수 있다.
④ 피상속인으로부터 그 소유의 부동산을 매수한 매수인이 등기신청을 하지 않고 있던 중 상속이 개시된 경우, 상속인은 신분을 증명할 수 있는 서류를 첨부하여 피상속인으로부터 바로 매수인 앞으로 소유권이전등기를 신청할 수 있다.
⑤ 1동의 건물에 속하는 구분건물 중 일부만에 관하여 소유권보존등기를 신청하면서 나머지 구분건물의 표시에 관한 등기를 동시에 신청하는 경우, 구분건물의 소유자는 1동에 속하는 다른 구분건물의 소유자를 대위하여 그 건물의 표시에 관한 등기를 신청할 수 있다.

톺아보기

상속인이 한정승인 또는 상속포기를 할 수 있는 기간 내에 상속등기를 한 때에는 상속의 단순승인으로 인정된 경우가 있을 것이나, 상속등기가 상속재산에 대한 처분행위라고 볼 수 없으므로 채권자가 상속인을 대위하여 상속등기를 하였다 하더라도 단순승인의 효력을 발생시킬 수는 없다. 상속인의 한정승인 또는 포기할 수 있는 권한에는 아무런 영향도 미치는 것이 아니므로 채권자의 대위권행사에 의한 상속등기를 거부할 수 없다(대결 1964.4.3, 63마54).

16 등기신청에 관한 설명으로 틀린 것은?

제34회

① 정지조건이 붙은 유증을 원인으로 소유권이전등기를 신청하는 경우, 조건성취를 증명하는 서면을 첨부하여야 한다.
② 사립대학이 부동산을 기증받은 경우, 학교 명의로 소유권이전등기를 할 수 있다.
③ 법무사는 매매계약에 따른 소유권이전등기를 매도인과 매수인 쌍방을 대리하여 신청할 수 있다.
④ 법인 아닌 사단인 종중이 건물을 매수한 경우, 종중의 대표자는 종중 명의로 소유권이전등기를 신청할 수 있다.
⑤ 채권자대위권에 의한 등기신청의 경우, 대위채권자는 채무자의 등기신청권을 자기의 이름으로 행사한다.

톺아보기

현행법상 사립대학은 등기신청적격이 인정되지 않으므로, 사립대학이 부동산을 기증받은 경우 학교 명의로 소유권이전등기를 할 수 없다. 학교의 재단법인 명의로 등기할 수 있다.

17 甲은 乙에게 甲 소유의 X부동산을 부담 없이 증여하기로 하였다. 「부동산등기 특별조치법」에 따른 부동산소유권등기의 신청에 관한 설명으로 틀린 것은? (다툼이 있으면 판례에 의함)

제25회

① 甲과 乙은 증여계약의 효력이 발생한 날부터 60일 내에 X부동산에 대한 소유권이전등기를 신청하여야 한다.
② 특별한 사정이 없으면, 신청기간 내에 X부동산에 대한 소유권이전등기를 신청하지 않아도 원인된 계약은 효력을 잃지 않는다.
③ 甲이 X부동산에 대한 소유권보존등기를 신청할 수 있음에도 이를 하지 않고 乙에게 증여하는 계약을 체결하였다면, 증여계약의 체결일이 보존등기 신청기간의 기산일이다.
④ X부동산에 관한 소유권이전등기를 신청기간 내에 신청하지 않고 乙이 丙에게 소유권이전등기청구권을 양도하여도 당연히 그 양도행위의 사법상의 효력이 부정되는 것은 아니다.
⑤ 만일 甲이 乙에게 X부동산을 매도하였다면, 계약으로 정한 이행기가 그 소유권이전등기 신청기간의 기산일이다.

톺아보기

만일 甲이 乙에게 X부동산을 매도하였다면, 쌍무계약에 의한 소유권이전등기신청은 반대급부의 이행이 완료된 날로부터 60일 이내에 신청하여야 한다.

더 알아보기
등기신청의무

「부동산등기법」	• 토지표시변경(경정)등기, 멸실등기: 토지소유자가 1개월 이내에 신청 • 건물표시변경(경정)등기, 멸실등기: 건물소유자가 1개월 이내에 신청
「부동산등기 특별조치법」	• 소유권이전등기: 쌍무계약의 경우에 반대급부의 이행이 완료된 날로부터, 편무계약의 경우에 그 계약의 효력이 발생한 날로부터 60일 이내에 신청 • 소유권보존등기: 신청할 수 있음에도 하지 아니한 채 계약을 체결한 경우에는 그 계약을 체결한 날로부터, 계약을 체결한 후에 등기를 신청할 수 있게 된 경우에는 등기를 신청할 수 있게 된 날로부터 60일 이내에 신청

18 방문신청을 위한 등기신청서의 작성 및 제공에 관한 설명으로 틀린 것은? 제29회 수정

① 등기신청서에는 신청인 또는 그 대리인이 기명날인하거나 서명하여야 한다.
② 신청서에 간인을 하는 경우, 등기권리자가 여러 명이고 등기의무자가 1명일 때에는 등기권리자 중 1명과 등기의무자가 간인하는 방법으로 한다.
③ 신청서의 문자를 삭제한 경우에는 그 글자 수를 난외(欄外)에 적으며 문자의 앞뒤에 괄호를 붙이고 이에 서명하고 날인하여야 한다.
④ 특별한 사정이 없는 한, 등기의 신청은 1건당 1개의 부동산에 관한 신청정보를 제공하는 방법으로 하여야 한다.
⑤ 같은 채권의 담보를 위하여 여러 개의 부동산에 대한 저당권설정등기를 신청하는 경우, 1건의 신청정보로 일괄하여 등기를 신청할 수 있다.

톺아보기

③ 문자의 정정, 삽입 또는 삭제를 한 경우에는 그 글자 수를 난외(欄外)에 적으며 문자의 앞뒤에 괄호를 붙이고 이에 날인 또는 서명하여야 한다(규칙 제57조 제2항).
★ ⑤ 같은 채권의 담보를 위하여 여러 개의 부동산에 대한 저당권설정등기를 신청하는 경우에 1건의 신청정보로 일괄하여 등기를 신청할 수 있다(개정법률).

정답 | 16 ② 17 ⑤ 18 ③

19. 매매를 원인으로 한 토지소유권이전등기를 신청하는 경우에 「부동산등기규칙」상 신청정보의 내용으로 등기소에 제공해야 하는 사항으로 옳은 것은? 제33회

① 등기권리자의 등기필정보
② 토지의 표시에 관한 사항 중 면적
③ 토지의 표시에 관한 사항 중 표시번호
④ 신청인이 법인인 경우에 그 대표자의 주민등록번호
⑤ 대리인에 의하여 등기를 신청하는 경우에 그 대리인의 주민등록번호

톺아보기

[오답해설]
① 등기의무자의 등기필정보를 첨부하여야 한다.
③ 표시번호는 등기소에서 기록한다.
④ 신청인이 법인인 경우에 그 대표자의 성명과 주소를 기록한다.
⑤ 대리인이 등기를 신청하는 경우에 대리인의 성명과 주소를 기록한다.

20. 2021년에 사인(私人)간 토지소유권이전등기 신청시, 등기원인을 증명하는 서면에 검인을 받아야 하는 경우를 모두 고른 것은? 제32회

㉠ 임의경매
㉡ 진정명의 회복
㉢ 공유물분할합의
㉣ 양도담보계약
㉤ 명의신탁해지약정

① ㉠, ㉡
② ㉠, ㉢
③ ㉡, ㉣
④ ㉢, ㉤
⑤ ㉢, ㉣, ㉤

톺아보기

계약을 원인으로 소유권이전등기를 신청할 때에는 계약서에 검인신청인을 표시하여 부동산의 소재지를 관할하는 시장·군수 또는 그 권한의 위임을 받은 자의 검인을 받아 관할 등기소에 이를 제출하여야 한다(「부동산등기 특별조치법」 제3조 제1항).
㉢ 공유물분할합의, ㉣ 양도담보계약, ㉤ 명의신탁해지약정 등의 경우는 계약이 원인인 경우에 해당하므로 검인을 받아야 한다.

21 상중하

2022년에 체결된 「부동산 거래신고 등에 관한 법률」 제3조 제1항 제1호의 부동산 매매계약의 계약서를 등기원인증서로 하는 소유권이전등기에 관한 설명으로 **틀린** 것은?

제33회

① 신청인은 위 법률에 따라 신고한 거래가액을 신청정보의 내용으로 등기소에 제공해야 한다.
② 신청인은 시장·군수 또는 구청장이 제공한 거래계약신고필증정보를 첨부정보로서 등기소에 제공해야 한다.
③ 신고 관할관청이 같은 거래부동산이 2개 이상인 경우, 신청인은 매매목록을 첨부정보로서 등기소에 제공해야 한다.
④ 거래부동산이 1개라 하더라도 여러 명의 매도인과 여러 명의 매수인 사이의 매매계약인 경우에는 매매목록을 첨부정보로서 등기소에 제공해야 한다.
⑤ 등기관은 거래가액을 등기기록 중 갑구의 등기원인란에 기록하는 방법으로 등기한다.

톺아보기

등기관이 거래가액을 등기할 때에는 등기기록 중 갑구의 권리자 및 기타사항란에 거래가액을 기록하는 방법으로 등기한다(규칙 제125조).

더 알아보기

부동산 거래가액의 등기

거래가액등기의 대상	1. 거래가액은 2006.1.1. 이후 작성된 매매계약서를 등기원인증서로 하여 소유권이전등기를 신청하는 경우에 등기한다. 2. **소유권이전청구권가등기에 의한 본등기를 신청하는 경우**: 매매계약서를 등기원인증서로 제출하지 않더라도 거래가액을 등기
거래신고필증과 매매목록	1. **신고필증**: 거래신고관리번호, 거래당사자, 거래가액, 목적부동산을 기록 2. **매매목록의 제출이 필요한 경우**: 매매목록에는 거래가액 및 목적부동산을 기재 • 1개의 신고필증에 2개 이상의 부동산이 기재되어 있는 경우 • 신고필증에 기재된 부동산이 1개라 하더라도 수인과 수인 사이의 매매인 경우
거래가액의 등기	1. **권리자 및 기타사항란에 기록**: 갑구의 권리자 및 기타사항란에 거래가액을 기록 2. **매매목록이 제출된 경우**: 갑구의 권리자 및 기타사항란에 매매목록 번호를 기록

정답 | 19 ② 20 ⑤ 21 ⑤

22 등기필정보에 관한 설명으로 틀린 것은?

제30회

① 승소한 등기의무자가 단독으로 등기신청을 한 경우, 등기필정보를 등기권리자에게 통지하지 않아도 된다.
② 등기관이 새로운 권리에 관한 등기를 마친 경우, 원칙적으로 등기필정보를 작성하여 등기권리자에게 통지해야 한다.
③ 등기권리자가 등기필정보를 분실한 경우, 관할 등기소에 재교부를 신청할 수 있다.
④ 승소한 등기의무자가 단독으로 권리에 관한 등기를 신청하는 경우, 그의 등기필정보를 등기소에 제공해야 한다.
⑤ 등기관이 법원의 촉탁에 따라 가압류등기를 하기 위해 직권으로 소유권보존등기를 한 경우, 소유자에게 등기필정보를 통지하지 않는다.

톺아보기

③ 등기필정보는 재발급하지 아니한다.
★ ① 승소한 등기의무자가 단독으로 등기신청을 한 경우, 등기신청인과 등기명의인이 일치하지 아니하므로 새로운 등기필정보를 등기권리자에게 작성·통지하지 아니한다.
★ ④ 판결에 의하여 승소한 등기권리자가 등기를 신청하는 경우에는 등기의무자의 등기필정보를 첨부하지 아니한다. 그러나 승소한 등기의무자가 단독으로 권리에 관한 등기를 신청하는 경우, 그의 등기필정보를 등기소에 제공해야 한다.
⑤ 등기관이 법원의 촉탁에 따라 가압류등기를 하기 위해 직권으로 소유권보존등기를 한 경우에는 등기신청인과 등기명의인이 불일치하므로 등기필정보를 작성·통지하지 아니한다.

더 알아보기

등기필정보의 첨부 여부

구분	등기필정보를 첨부하지 않는 경우	등기필정보를 첨부하는 경우
등기의무자가 부존재	• 소유권보존등기 • 상속등기	• 상속인에 의한 등기신청 • 유증에 의한 등기신청(공동신청)
표시의 등기	• 토지(건물)표시변경·경정등기 • 등기명의인표시변경·경정등기 • 멸실등기	–
판결	승소한 등기권리자가 판결에 의하여 단독으로 등기신청시	승소한 등기의무자가 판결에 의하여 단독으로 등기신청시
관공서의 촉탁등기	경매, 공매, 수용으로 등기신청시	–
기타	환매특약등기 신청시	–

23 등기필정보에 관한 설명으로 옳은 것은?   제34회

① 등기필정보는 아라비아숫자와 그 밖의 부호의 조합으로 이루어진 일련번호와 비밀번호로 구성한다.
② 법정대리인이 등기를 신청하여 본인이 새로운 권리자가 된 경우, 등기필정보는 특별한 사정이 없는 한 본인에게 통지된다.
③ 등기절차의 인수를 명하는 판결에 따라 승소한 등기의무자가 단독으로 등기를 신청하는 경우, 등기필정보를 등기소에 제공할 필요가 없다.
④ 등기권리자의 채권자가 등기권리자를 대위하여 등기신청을 한 경우, 등기필정보는 그 대위채권자에게 통지된다.
⑤ 등기명의인의 포괄승계인은 등기필정보의 실효선고를 할 수 없다.

톺아보기

오답해설

② 법정대리인이 등기를 신청하는 경우 등기필정보는 법정대리인에게 통지된다(규칙 제108조 제2항).
③ 등기절차의 인수를 명하는 판결에 따라 승소한 등기의무자가 단독으로 등기를 신청하는 경우, 등기필정보를 등기소에 제공하여야 한다.
④ 등기권리자의 채권자가 등기권리자를 대위하여 등기신청을 한 경우, 등기필정보는 등기권리자에게 작성·교부하지 아니한다. 채권자대위등기의 경우에 등기신청인과 등기명의인이 불일치하므로 등기필정보를 작성·교부하지 아니한다(규칙 제109조 제2항).
⑤ 등기명의인의 포괄승계인은 등기필정보의 실효선고를 할 수 있다(규칙 제110조 제1항).

정답 | 22 ③   23 ①

24 등기절차에 관한 설명으로 옳은 것은?   제27회

① 등기관의 처분에 대한 이의는 집행정지의 효력이 있다.
② 소유권이전등기 신청시 등기의무자의 주소증명정보는 등기소에 제공하지 않는다.
③ 지방자치단체가 등기권리자인 경우, 등기관은 등기필정보를 작성·통지하지 않는다.
④ 자격자대리인이 아닌 사람도 타인을 대리하여 전자신청을 할 수 있다.
⑤ 전세권설정범위가 건물 전부인 경우, 전세권설정등기 신청시 건물도면을 첨부정보로서 등기소에 제공해야 한다.

톺아보기

오답해설
① 이의에는 집행정지(執行停止)의 효력이 없다(법 제104조).
② 소유권이전등기를 신청하는 경우에는 등기의무자의 주소(또는 사무소 소재지)를 증명하는 정보도 제공하여야 한다(규칙 제46조).
④ 자격자대리인이 아닌 사람은 전자신청을 대리할 수 없다.
⑤ 전세권설정등기가 건물의 전부를 대상으로 하는 경우에 도면은 첨부할 필요가 없다.

더 알아보기

등기필정보의 작성·교부

등기필정보의 작성	• 등기할 수 있는 권리의 보존, 설정, 이전하는 등기를 하는 경우 • 위의 권리의 설정, 이전청구권보전을 위한 가등기를 하는 경우 • 권리자를 추가하는 경정, 변경등기(예 甲 단독소유를 甲·乙의 공유로 경정하는 경우나 합유자가 추가되는 합유명의인표시변경등기 등)
등기필정보의 구성	등기필정보의 일련번호는 영문 또는 아라비아숫자를 조합한 12개로 구성하고 비밀번호는 50개를 부여
등기필정보를 작성하지 않는 경우	• 채권자대위에 의한 등기 • 등기관의 직권에 의한 보존등기 • 승소한 등기의무자의 신청에 의한 등기 • 관공서가 등기를 촉탁한 경우(다만, 관공서가 등기권리자를 위해 등기를 촉탁하는 경우에는 그러하지 아니함)

25 등기소에 제공해야 하는 부동산등기의 신청정보와 첨부정보에 관한 설명으로 틀린 것은?
제35회

① 등기원인을 증명하는 정보가 등기절차의 인수를 명하는 집행력 있는 판결인 경우, 승소한 등기의무자는 등기신청시 등기필정보를 제공할 필요가 없다.
② 대리인에 의하여 등기를 신청하는 경우, 신청정보의 내용으로 대리인의 성명과 주소를 제공해야 한다.
③ 매매를 원인으로 소유권이전등기를 신청하는 경우, 등기의무자의 주소 또는 사무소 소재지를 증명하는 정보를 제공해야 한다.
④ 등기상 이해관계 있는 제3자의 승낙이 필요한 경우, 이를 증명하는 정보 또는 이에 대항할 수 있는 재판이 있음을 증명하는 정보를 첨부정보로 제공해야 한다.
⑤ 첨부정보가 외국어로 작성된 경우에는 그 번역문을 붙여야 한다.

톺아보기

등기권리자와 등기의무자가 권리에 관한 등기를 공동으로 신청하는 경우와 등기절차의 인수를 명하는 판결에서 승소한 등기의무자가 단독으로 권리에 관한 등기를 신청하는 경우에는 등기의무자의 등기필정보를 신청정보의 내용으로 제공하여야 한다(등기예규 제1647호).

정답 | 24 ③ 25 ①

26 부동산등기용등록번호에 관한 설명으로 옳은 것은? 제27회

① 법인의 등록번호는 주된 사무소 소재지를 관할하는 시장, 군수 또는 구청장이 부여한다.
② 주민등록번호가 없는 재외국민의 등록번호는 대법원 소재지 관할 등기소의 등기관이 부여한다.
③ 외국인의 등록번호는 체류지를 관할하는 시장, 군수 또는 구청장이 부여한다.
④ 법인 아닌 사단의 등록번호는 주된 사무소 소재지 관할 등기소의 등기관이 부여한다.
⑤ 국내에 영업소나 사무소의 설치등기를 하지 아니한 외국법인의 등록번호는 국토교통부장관이 지정·고시한다.

톺아보기

오답해설
① 법인의 부동산등기용등록번호는 주된 사무소(회사의 경우에는 본점, 외국법인의 경우에는 국내에 최초로 설치등기를 한 영업소나 사무소를 말함) 소재지 관할 등기소의 등기관이 부여한다.
③ 외국인의 등록번호는 체류지(국내에 체류지가 없는 경우에는 대법원 소재지에 체류지가 있는 것으로 봄)를 관할하는 지방출입국·외국인관서의 장이 부여한다.
④ 법인 아닌 사단이나 재단은 시장(「제주특별자치도 설치 및 국제자유도시 조성을 위한 특별법」제10조 제2항에 따른 행정시의 시장을 포함하며, 「지방자치법」제3조 제3항에 따라 자치구가 아닌 구를 두는 시의 시장은 제외), 군수 또는 구청장(자치구가 아닌 구의 구청장을 포함)이 부여한다.
⑤ 국내에 영업소나 사무소의 설치등기를 하지 아니한 외국법인의 등록번호는 시장(「제주특별자치도 설치 및 국제자유도시 조성을 위한 특별법」제10조 제2항에 따른 행정시의 시장을 포함하며, 「지방자치법」제3조 제3항에 따라 자치구가 아닌 구를 두는 시의 시장은 제외), 군수 또는 구청장(자치구가 아닌 구의 구청장을 포함)이 부여한다.

27 등기신청을 위한 첨부정보에 관한 설명으로 옳은 것을 모두 고른 것은? 제34회

㉠ 토지에 대한 표시변경등기를 신청하는 경우, 등기원인을 증명하는 정보로서 토지대장정보를 제공하면 된다.
㉡ 매매를 원인으로 소유권이전등기를 신청하는 경우, 등기의무자의 주소를 증명하는 정보도 제공하여야 한다.
㉢ 상속등기를 신청하면서 등기원인을 증명하는 정보로서 상속인 전원이 참여한 공정증서에 의한 상속재산분할협의서를 제공하는 경우, 상속인들의 인감증명을 제출할 필요가 없다.
㉣ 농지에 대한 소유권이전등기를 신청하는 경우, 등기원인을 증명하는 정보가 집행력 있는 판결인 때에는 특별한 사정이 없는 한 농지취득자격증명을 첨부하지 않아도 된다.

① ㉠, ㉡ ② ㉢, ㉣ ③ ㉠, ㉡, ㉢
④ ㉠, ㉢, ㉣ ⑤ ㉡, ㉢, ㉣

톺아보기

옳은 것은 ㉠㉡㉢이다.
㉣ 농지에 대한 소유권이전등기를 신청하는 경우, 등기원인을 증명하는 정보가 집행력 있는 판결인 때에는 특별한 사정이 없는 한 농지취득자격증명을 첨부하여야 한다.

정답 | 26 ② 27 ③

28 등기신청에 관한 설명으로 옳은 것은?

제29회

① 외국인은 「출입국관리법」에 따라 외국인등록을 하더라도 전산정보처리조직에 의한 사용자등록을 할 수 없으므로 전자신청을 할 수 없다.
② 법인 아닌 사단이 등기권리자로서 등기신청을 하는 경우, 그 대표자의 성명 및 주소를 증명하는 정보를 첨부정보로 제공하여야 하지만 주민등록번호를 제공할 필요는 없다.
③ 이행판결에 의한 등기는 승소한 등기권리자 또는 패소한 등기의무자가 단독으로 신청한다.
④ 신탁재산에 속하는 부동산의 신탁등기는 신탁자와 수탁자가 공동으로 신청하여야 한다.
⑤ 전자표준양식에 의한 등기신청의 경우, 자격자대리인(법무사 등)이 아닌 자도 타인을 대리하여 등기를 신청할 수 있다.

톺아보기

⑤ 전자표준양식에 의한 등기신청은 방문신청의 예에 해당한다. 방문신청을 하고자 하는 신청인은 신청서를 등기소에 제출하기 전에 전산정보처리조직에 신청정보를 입력하고(전자표준양식), 그 입력한 신청정보를 서면으로 출력하여 등기소에 제출하는 방법으로 할 수 있다. 방문신청의 경우에는 대리인의 제한이 없다.

오답해설
★ ① 사용자등록을 한 자연인(외국인 포함)과 전자증명서를 발급받은 법인은 전자신청을 할 수 있다.
② 법인 아닌 사단이나 재단의 경우는 그 명칭과 사무소와 부동산등기용등록번호 외에 그 대표자나 관리인의 성명과 주소 및 주민등록번호를 기록하여야 한다.
③ 패소한 등기의무자는 그 판결에 기하여 직접 등기권리자 명의의 등기신청을 하거나 승소한 등기권리자를 대위하여 등기신청을 할 수 없다.
④ 신탁재산에 속하는 부동산의 신탁등기는 수탁자(受託者)가 단독으로 신청한다(법 제23조 제7항).

29 등기신청의 각하 사유에 해당하는 것을 모두 고른 것은?   제29회

상**중**하

> ㉠ 매매로 인한 소유권이전등기 이후에 환매특약등기를 신청한 경우
> ㉡ 관공서의 공매처분으로 인한 권리이전의 등기를 매수인이 신청한 경우
> ㉢ 전세권의 양도금지특약을 등기신청한 경우
> ㉣ 소유권이전등기의무자의 등기기록상 주소가 신청정보의 주소로 변경된 사실이 명백한 때

① ㉠, ㉡
② ㉡, ㉢
③ ㉢, ㉣
④ ㉠, ㉡, ㉢
⑤ ㉠, ㉡, ㉢, ㉣

톺아보기

등기신청의 각하 사유에 해당하는 것은 ㉠㉡이다.
㉠㉡ 법 제29조 제2호 사건이 등기할 것이 아닌 경우에 해당하는 각하 사유이다.
㉢ 전세권의 양도금지특약을 등기신청한 경우는 적법한 등기신청에 해당한다.
㉣ 소유권이전등기의무자의 등기기록상 주소가 신청정보의 주소로 변경된 사실이 명백한 때에는 등기관은 등기명의인표시변경등기를 직권으로 실행한다.

더 알아보기

사건이 등기할 것이 아닌 경우(규칙 제52조)

법 제29조 제2호에서 '사건이 등기할 것이 아닌 경우'란 다음의 어느 하나에 해당하는 경우를 말한다.
1. 등기능력 없는 물건 또는 권리에 대한 등기를 신청한 경우
2. 법령에 근거가 없는 특약사항의 등기를 신청한 경우
3. 구분건물의 전유부분과 대지사용권의 분리처분 금지에 위반한 등기를 신청한 경우
4. 농지를 전세권설정의 목적으로 하는 등기를 신청한 경우
5. 저당권을 피담보채권과 분리하여 양도하거나, 피담보채권과 분리하여 다른 채권의 담보로 하는 등기를 신청한 경우
6. 일부지분에 대한 소유권보존등기를 신청한 경우
7. 공동상속인 중 일부가 자신의 상속지분만에 대한 상속등기를 신청한 경우
8. 관공서 또는 법원의 촉탁으로 실행되어야 할 등기를 신청한 경우
9. 이미 보존등기된 부동산에 대하여 다시 보존등기를 신청한 경우
10. 그 밖에 신청 취지 자체에 의하여 법률상 허용될 수 없음이 명백한 등기를 신청한 경우

정답 | 28 ⑤ 29 ①

30 등기관이 등기신청을 각하해야 하는 경우를 모두 고른 것은?

제30회

㉠ 일부지분에 대한 소유권보존등기를 신청한 경우
㉡ 농지를 전세권의 목적으로 하는 등기를 신청한 경우
㉢ 법원의 촉탁으로 실행되어야 할 등기를 신청한 경우
㉣ 공동상속인 중 일부가 자신의 상속지분만에 대한 상속등기를 신청한 경우
㉤ 저당권을 피담보채권과 분리하여 다른 채권의 담보로 하는 등기를 신청한 경우

① ㉠, ㉡, ㉤
② ㉠, ㉢, ㉣
③ ㉠, ㉢, ㉣, ㉤
④ ㉡, ㉢, ㉣, ㉤
⑤ ㉠, ㉡, ㉢, ㉣, ㉤

톺아보기

㉠㉡㉢㉣㉤ 모두 법 제29조 제2호에 해당하는 각하 사유이다.
㉠ 공유자 중 1인의 전원 명의의 소유권보존등기는 허용되나, 일부지분에 대한 소유권보존등기를 신청한 경우에는 법 제29조 제2호에 해당하여 등기관이 신청을 각하한다.
★ ㉢ 법원의 촉탁으로 실행되어야 할 등기를 신청한 경우 법 제29조 제2호에 해당하여 등기관이 신청을 각하한다.
★ ㉣ 공동상속인 중 1인의 전원 명의의 상속등기는 허용되나, 공동상속인 중 일부가 자신의 상속지분만에 대한 상속등기를 신청한 경우에는 법 제29조 제2호에 해당하여 등기관이 신청을 각하한다.

31

「부동산등기법」 제29조 제2호의 '사건이 등기할 것이 아닌 경우'에 해당하는 것을 모두 고른 것은? (다툼이 있으면 판례에 따름)   제34회

> ㉠ 위조한 개명허가서를 첨부한 등기명의인 표시변경등기신청
> ㉡ 「하천법」상 하천에 대한 지상권설정등기신청
> ㉢ 법령에 근거가 없는 특약사항의 등기신청
> ㉣ 일부지분에 대한 소유권 보존등기신청

① ㉠
② ㉠, ㉡
③ ㉢, ㉣
④ ㉡, ㉢, ㉣
⑤ ㉠, ㉡, ㉢, ㉣

톺아보기

'사건이 등기할 것이 아닌 경우'에 해당하는 것은 ㉡㉢㉣이다.
㉠ 위조한 개명허가서를 첨부한 등기명의인 표시변경등기신청은 법 제29조 제9호 '등기에 필요한 첨부정보를 제공하지 아니한 경우'에 해당하므로 법 제29조 제2호 위반에 해당하지 아니한다.

더 알아보기

법 제29조 제2호(사건이 등기할 것이 아닌 경우) 위반 여부

등기할 사항인 권리변동	등기할 사항이 아닌 권리변동
• 권리의 일부에 대한 이전 · 처분제한등기 • 부동산의 일부에 대한 용익물권설정등기 • 가등기상의 권리의 처분금지가처분등기 • 공유자 중 1인이 신청하는 공유자 전원 명의의 보존등기 • 공동상속인 중 1인이 신청하는 상속인 전원 명의의 상속등기 • 수인의 가등기권리자 중 1인이 신청하는 자기 지분만의 본등기 • 포괄유증의 경우 수인의 수증자 중 1인이 신청하는 자기 지분만에 관한 소유권이전등기	• 부동산의 일부에 대한 이전 · 처분제한등기 • 권리의 일부에 대한 용익물권설정등기 • 가등기에 기한 본등기금지가처분등기 • 공유자 중 1인이 신청하는 자기 지분만에 관한 보존등기 • 공동상속인 중 1인이 신청하는 자기 상속분만에 관한 상속등기 • 수인의 가등기권리자 중 1인이 신청하는 가등기권리자 전원 명의의 본등기 • 포괄유증의 경우 수인의 수증자 중 1인이 신청하는 전원명의의 소유권이전등기 • 합유자의 지분에 대한 이전등기 신청 • 유언자가 생존 중에 신청한 유증으로 인한 소유권이전청구권 보전가등기

정답 | 30 ⑤ 31 ④

32 등기신청의 각하사유로서 '사건이 등기할 것이 아닌 경우'를 모두 고른 것은? 제35회

㉠ 구분건물의 전유부분과 대지사용권의 분리처분 금지에 위반한 등기를 신청한 경우
㉡ 농지를 전세권설정의 목적으로 하는 등기를 신청한 경우
㉢ 공동상속인 중 일부가 자신의 상속지분만에 대한 상속등기를 신청한 경우
㉣ 소유권 외의 권리가 등기되어 있는 일반건물에 대해 멸실등기를 신청한 경우

① ㉠, ㉡
② ㉡, ㉣
③ ㉢, ㉣
④ ㉠, ㉡, ㉢
⑤ ㉠, ㉡, ㉢, ㉣

톺아보기

'사건이 등기할 것이 아닌 경우'는 ㉠㉡㉢이다.
㉣ 소유권 외의 권리가 등기되어 있는 일반건물에 대해 멸실등기를 신청한 경우는 적법한 등기신청에 해당한다.

33 부동산등기법령상 등기관의 처분에 대한 이의절차에 관한 설명으로 틀린 것은?

제28회

① 이의에는 집행정지의 효력이 없다.
② 새로운 사실이나 새로운 증거방법을 근거로 이의신청을 할 수 있다.
③ 관할 지방법원은 이의신청에 대하여 결정하기 전에 등기관에게 이의가 있다는 뜻의 부기등기를 명령할 수 있다.
④ 이의신청서에는 이의신청인의 성명과 주소, 이의신청의 대상인 등기관의 결정 또는 처분, 이의신청의 취지와 이유, 그 밖에 대법원예규로 정하는 사항을 적고 신청인이 기명날인 또는 서명하여야 한다.
⑤ 이의에 대한 결정의 통지는 결정서 등본에 의하여 한다.

톺아보기

새로운 사실이나 새로운 증거방법을 근거로 이의신청을 할 수는 없다(법 제102조).

더 알아보기

이의신청의 대상 및 절차 등

의의	등기관의 처분이 부당한 때

대상	1. **처분의 부당**(대상)
	  • **소극적 부당**: 각하처분 모두(법 제29조 제1호 내지 제11호)
	  • **적극적 부당**: 등기관의 처분 중 법 제29조 제1호·제2호 위반만 신청 대상(법 제29조 제3호 이하는 이의신청 대상 아님)
	2. **부당의 판단시점**: 등기관의 처분시를 기준

신청인	1. **소극적 부당**: 등기신청인만 가능 2. **적극적 부당**: 등기신청인과 이해관계 있는 제3자도 가능
절차	1. 이의신청은 그 결정 또는 처분을 한 등기관이 속한 지방법원(관할 지방법원)에 제기, 이의신청서는 결정 또는 처분을 한 등기관이 속한 등기소에 이의신청서를 제출하거나 전산정보처리조직을 이용하여 이의신청정보를 보내는 방법 2. 이의신청기간에는 제한이 없음 3. 집행정지 효력이 없음
등기관의 조치	1. 등기관은 이의가 이유 있다고 인정하면 상당한 처분 2. 등기관은 이의가 이유 없다고 인정하면 3일 이내 의견을 붙여 관할 지방법원에 송부

정답 | 32 ④ 33 ②

34. 등기관의 결정 또는 처분에 대한 이의에 관한 설명으로 틀린 것을 모두 고른 것은?

제31회 수정

㉠ 이의에는 집행정지의 효력이 있다.
㉡ 이의신청자는 새로운 사실을 근거로 이의신청을 할 수 있다.
㉢ 등기관의 결정에 이의가 있는 자는 그 결정 또는 처분을 한 등기관이 속한 관할 지방법원에 이의신청을 할 수 있다.
㉣ 등기관은 이의가 이유 없다고 인정하면 이의신청일로부터 3일 이내에 의견을 붙여 이의신청서를 이의신청자에게 보내야 한다.

① ㉠, ㉢
② ㉡, ㉣
③ ㉠, ㉡, ㉣
④ ㉠, ㉢, ㉣
⑤ ㉡, ㉢, ㉣

톺아보기

틀린 것은 ㉠㉡㉣이다.
㉠ 이의에는 집행정지의 효력이 없다.
㉡ 이의신청자는 새로운 사실을 근거로 이의신청을 할 수 없다.
㉢ 등기관의 결정 또는 처분에 이의가 있는 자는 그 결정 또는 처분을 한 등기관이 속한 관할 지방법원에 이의신청을 할 수 있다. 또한 이의신청은 대법원규칙으로 정하는 바에 따라 결정 또는 처분을 한 등기관이 속한 등기소에 이의신청서를 제출하거나 전산정보처리조직을 이용하여 이의신청정보를 보내는 방법으로 한다(법 제100조, 제101조).
★ ㉣ 등기관은 이의가 이유 없다고 인정하면 이의신청일부터 3일 이내에 의견을 붙여 이의신청서 또는 이의신청정보를 관할 지방법원에 보내야 한다(법 제103조 제2항).

더 알아보기

이의신청의 이해관계인에 대한 예시

- 채권자대위등기가 채무자의 신청에 의하여 말소된 경우에는 그 말소처분에 대하여 채권자는 등기상 이해관계인으로서 이의신청을 할 수 있다.
- 상속인이 아닌 자는 상속등기가 위법하다 하여 이의신청을 할 수는 없다.
- 저당권설정자는 저당권의 양수인과 양도인 사이의 저당권이전의 부기등기에 대하여 이의신청을 할 수 없다.
- 말소등기신청에 있어 이해관계 있는 제3자의 승낙서 등 서면이 첨부되지 아니하였다면 말소등기의무자는 말소처분에 대하여 이의신청을 할 수 없다.

35 등기관의 처분에 대한 이의신청에 관한 설명으로 <u>틀린</u> 것은?

제34회

① 등기신청인이 아닌 제3자는 등기신청의 각하결정에 대하여 이의신청을 할 수 없다.
② 이의신청은 대법원규칙으로 정하는 바에 따라 관할 지방법원에 이의신청서를 제출하는 방법으로 한다.
③ 이의신청기간에는 제한이 없으므로 이의의 이익이 있는 한 언제라도 이의신청을 할 수 있다.
④ 등기관의 처분시에 주장하거나 제출하지 아니한 새로운 사실을 근거로 이의신청을 할 수 없다.
⑤ 등기관의 처분에 대한 이의신청이 있더라도 그 부동산에 대한 다른 등기신청은 수리된다.

톺아보기

이의신청은 대법원규칙으로 정하는 바에 따라 결정 또는 처분을 한 등기관이 속한 등기소에 이의신청서를 제출하거나 전산정보처리조직을 이용하여 이의신청정보를 보내는 방법으로 한다(법 제101조).

정답 | 34 ③ 35 ②

제4장 / 표시에 관한 등기

기본서 p.256~273

01 상중하

건축물대장에 甲건물을 乙건물에 합병하는 등록을 2018년 8월 1일에 한 후, 건물의 합병등기를 하고자 하는 경우에 관한 설명으로 틀린 것은? 제29회

① 乙건물의 소유권의 등기명의인은 건축물대장상 건물의 합병등록이 있은 날로부터 1개월 이내에 건물합병등기를 신청하여야 한다.
② 건물합병등기를 신청할 의무 있는 자가 그 등기신청을 게을리하였더라도, 「부동산등기법」상 과태료를 부과받지 아니한다.
③ 합병등기를 신청하는 경우, 乙건물의 변경 전과 변경 후의 표시에 관한 정보를 신청정보의 내용으로 등기소에 제공하여야 한다.
④ 甲건물에만 저당권등기가 존재하는 경우에 건물합병등기가 허용된다.
⑤ 등기관이 합병제한 사유가 있음을 이유로 신청을 각하한 경우 지체 없이 그 사유를 건축물대장 소관청에 알려야 한다.

톺아보기

소유권·전세권 및 임차권의 등기 외의 권리에 관한 등기가 있는 건물에 관하여는 합병의 등기를 할 수 없다(법 제42조 제1항).

더 알아보기

합병 제한(법 제42조 제1항)

합병하려는 건물에 다음의 등기 외의 권리에 관한 등기가 있는 경우에는 합병의 등기를 할 수 없다.
• 소유권·전세권 및 임차권의 등기
• 합병하려는 모든 건물에 있는 등기원인 및 그 연월일과 접수번호가 동일한 저당권에 관한 등기
• 합병하려는 모든 건물에 있는 법 제81조 제1항 각 호의 등기사항이 동일한 신탁등기

정답 | 01 ④

제5장 / 권리에 관한 등기

기본서 p.274~349

01 권리에 관한 등기의 설명으로 **틀린** 것은? 제31회

상**중**하

① 등기부 표제부의 등기사항인 표시번호는 등기부 갑구(甲區), 을구(乙區)의 필수적 등기사항이 아니다.
② 등기부 갑구(甲區)의 등기사항 중 권리자가 2인 이상인 경우에는 권리자별 지분을 기록하여야 하고, 등기할 권리가 합유인 경우에는 그 뜻을 기록하여야 한다.
③ 권리의 변경등기는 등기상 이해관계가 있는 제3자의 승낙이 없는 경우에도 부기로 등기할 수 있다.
④ 등기의무자의 소재불명으로 공동신청할 수 없을 때 등기권리자는 「민사소송법」에 따라 공시최고를 신청할 수 있고, 이에 따라 제권판결이 있으면 등기권리자는 그 사실을 증명하여 단독으로 등기말소를 신청할 수 있다.
⑤ 등기관이 토지소유권의 등기명의인 표시변경등기를 하였을 때에는 지체 없이 그 사실을 지적소관청에 알려야 한다.

톺아보기

등기관이 권리의 변경이나 경정의 등기를 할 때에는 부기등기로 하여야 한다. 다만, 권리의 변경이나 경정의 등기는 등기상 이해관계 있는 제3자의 승낙이 없는 경우에는 그러하지 아니하다(법 제52조).

정답 | 01 ③

02 말소등기에 관련된 설명으로 틀린 것은? 제26회

① 말소등기를 신청하는 경우, 그 말소에 대하여 등기상 이해관계 있는 제3자가 있으면 그 제3자의 승낙이 필요하다.
② 근저당권설정등기 후 소유권이 제3자에게 이전된 경우, 제3취득자가 근저당권설정자와 공동으로 그 근저당권말소등기를 신청할 수 있다.
③ 말소된 등기의 회복을 신청하는 경우, 등기상 이해관계 있는 제3자가 있을 때에는 그 제3자의 승낙이 필요하다.
④ 근저당권이 이전된 후 근저당권의 양수인은 소유자인 근저당권설정자와 공동으로 그 근저당권말소등기를 신청할 수 있다.
⑤ 가등기의무자는 가등기명의인의 승낙을 받아 단독으로 가등기의 말소를 신청할 수 있다.

톺아보기

근저당권설정등기 후 소유권이 제3자에게 이전된 경우, 제3취득자 또는 근저당권설정자가 근저당권자와 공동으로 그 근저당권말소등기를 신청할 수 있다(p.106  더 알아보기 참고).

03 말소등기에 관한 설명으로 틀린 것은? (다툼이 있으면 판례에 따름) 제28회

① 말소되는 등기의 종류에는 제한이 없으며, 말소등기의 말소등기도 허용된다.
② 말소등기는 기존의 등기가 원시적 또는 후발적인 원인에 의하여 등기사항 전부가 부적법할 것을 요건으로 한다.
③ 농지를 목적으로 하는 전세권설정등기가 실행된 경우, 등기관은 이를 직권으로 말소할 수 있다.
④ 피담보채무의 소멸을 이유로 근저당권설정등기가 말소되는 경우, 채무자를 추가한 근저당권변경의 부기등기는 직권으로 말소된다.
⑤ 말소등기신청의 경우에 '등기상 이해관계 있는 제3자'란 등기의 말소로 인하여 손해를 입을 우려가 있다는 것이 등기기록에 의하여 형식적으로 인정되는 자를 말한다.

톺아보기

현행법상 말소등기의 말소등기는 허용되지 아니한다.

더 알아보기

직권에 의한 등기 등의 유형

구분	유형
직권보존등기	• 미등기부동산에 대한 집행법원의 처분제한등기(압류는 제외) 촉탁시 • 미등기부동산에 대한 법원의 주택임차권명령등기 촉탁시
직권변경등기	• 소유권이전등기를 신청함에 있어서 주소증명서면에 의하여 주소변경의 사실이 명백한 경우의 등기명의인표시변경등기 • 행정구역 또는 그 명칭이 변경된 경우의 부동산의 변경등기
직권경정등기	등기관의 잘못으로 등기의 착오 또는 빠뜨림이 있는 때의 경정등기
직권말소등기	• 환매권 행사에 의한 권리취득등기 후의 환매특약의 말소등기 • 수용으로 인한 소유권이전등기를 함에 있어 소유권 및 소유권 이외의 권리에 관한 등기의 말소등기 • 법 제29조 제1호·제2호 위반의 등기가 경료된 경우 • 가등기에 기한 본등기의 경우 양립 불가능한 중간처분의 등기 • 말소등기시 말소할 권리를 목적으로 하는 제3자의 권리에 의한 등기
직권말소회복등기	직권말소등기가 부적법한 경우에 등기관이 직권으로 회복등기
대지권 뜻의 등기	• 대지권 발생시 대지권인 뜻의 등기(토지등기기록의 해당구) • 대지권 소멸시 대지권인 뜻의 등기의 말소등기
요역지 지역권등기	승역지의 등기기록에 지역권등기를 하는 경우에 요역지의 등기기록에 하는 지역권등기
추가적 공동담보 뜻의 등기	추가적 공동저당권설정등기를 하는 경우 각 부동산에 관한 권리가 함께 담보의 목적이라는 뜻의 등기(각 등기부에 함)

정답 | 02 ② 03 ①

04 말소등기를 신청하는 경우 그 말소에 관하여 승낙서를 첨부하여야 하는 등기상 이해관계 있는 제3자에 해당하는 것을 모두 고른 것은? 제29회

㉠ 지상권등기를 말소하는 경우 그 지상권을 목적으로 하는 저당권자
㉡ 순위 2번 저당권등기를 말소하는 경우 순위 1번 저당권자
㉢ 순위 1번 저당권등기를 말소하는 경우 순위 2번 저당권자
㉣ 토지에 대한 저당권등기를 말소하는 경우 그 토지에 대한 지상권자
㉤ 소유권보존등기를 말소하는 경우 가압류권자

① ㉠, ㉣
② ㉠, ㉤
③ ㉡, ㉢
④ ㉡, ㉤
⑤ ㉢, ㉣

톺아보기

등기상 이해관계 있는 제3자에 해당하는 것은 ㉠㉤이다.
★ ㉠㉤ 지상권등기를 말소하는 경우 그 지상권을 목적으로 하는 저당권자, 소유권보존등기를 말소하는 경우의 가압류권자는 말소될 권리를 목적으로 하고 있으므로 말소등기의 이해관계인에 해당한다.
㉡ 순위 2번 저당권등기를 말소하는 경우 순위 1번 저당권자는 위험성이 존재하지 아니하므로 이해관계인에 해당하지 아니한다.
㉢ 순위 1번 저당권등기를 말소하는 경우 순위 2번 저당권자는 위험성이 존재하지 아니하므로 이해관계인에 해당하지 아니한다.
㉣ 토지에 대한 저당권등기를 말소하는 경우 그 토지에 대한 지상권자는 위험성이 존재하지 아니하므로 이해관계인에 해당하지 아니한다.

더 알아보기

말소등기의 이해관계인(말소될 등기를 목적으로 하는 자) 해당 여부

이해관계인에 해당하는 경우	• 지상권의 말소등기시에 그 지상권을 목적으로 하는 저당권자 • 전세권의 말소등기시에 그 전세권을 목적으로 하는 저당권자 • 소유권보존등기말소시에 그 부동산을 목적으로 하는 저당권자 • 소유권이 甲에서 乙로 이전되고 乙이 丙에게 저당권을 설정한 경우 乙의 소유권이전등기의 말소신청시 저당권자인 丙
이해관계인에 해당하지 않는 경우	• 순위 2번 저당권등기를 말소하는 경우 순위 1번 저당권자 • 순위 1번 저당권등기를 말소하는 경우 순위 2번 저당권자 • 토지에 대한 저당권등기를 말소하는 경우 그 토지에 대한 지상권자

05 대장은 편성되어 있으나 미등기인 부동산의 소유권보존등기에 관한 설명으로 틀린 것은?

제33회

① 등기관이 보존등기를 할 때에는 등기원인과 그 연월일을 기록해야 한다.
② 대장에 최초 소유자로 등록된 자의 상속인은 보존등기를 신청할 수 있다.
③ 수용으로 인하여 소유권을 취득하였음을 증명하는 자는 미등기토지에 대한 보존등기를 신청할 수 있다.
④ 군수의 확인에 의해 미등기건물에 대한 자기의 소유권을 증명하는 자는 보존등기를 신청할 수 있다.
⑤ 등기관이 법원의 촉탁에 따라 소유권의 처분제한의 등기를 할 때에는 직권으로 보존등기를 한다.

톺아보기

소유권보존등기를 신청하는 경우에는 법 제65조 각 호의 어느 하나에 따라 등기를 신청한다는 뜻을 신청정보의 내용으로 등기소에 제공하여야 한다. 이 경우 등기원인과 그 연월일은 신청정보의 내용으로 등기소에 제공할 필요가 없다(규칙 제121조 제1항).

더 알아보기

소유권보존등기의 주요사항

신청적격자 (단독신청)	1. 대장상 최초의 소유자로 등록되어 있음을 증명하는 자, 그 상속인, 포괄승계인: 미등기토지의 지적공부상 '국'으로부터 소유권이전등록을 받은 자 2. 판결에 의하여 소유권을 증명하는 자 • 판결의 종류: 원칙은 확인판결(형성·이행판결은 판결이유에 소유자임이 나타나면 가능) • 판결의 상대방: 명의인이 존재하면 명의인을 상대로, 명의인이 불분명하면 토지는 국가를, 건물은 시장·군수·구청장을 상대로 한 판결 3. 수용으로 소유권 취득을 증명하는 자(미등기부동산의 수용) 4. 시장·군수·구청장의 확인정보(건물에 한함): 사실확인서
기록사항 및 첨부정보	1. 근거조문 표시(등기원인과 그 연월일은 기록하지 아니함) 2. 첨부정보: 신청정보, 주소증명정보, 대장정보, 도면 🔍 첨부정보가 아닌 경우: 등기원인정보, 등기필정보, 인감증명, 제3자 허가·동의·승낙정보
직권보존등기	1. 미등기부동산에 대한 처분제한등기의 촉탁시(체납처분으로 인한 압류는 제외) 2. 미등기부동산에 대한 법원의 주택임차권명령등기 촉탁시 3. 「건축법」상 사용승인을 받지 않은 미등기건물도 직권보존등기 가능

정답 | 04 ② 05 ①

06 소유권보존등기의 내용으로 틀린 것은? 제26회

① 건물에 대하여 국가를 상대로 한 소유권확인판결에 의해서 자기의 소유권을 증명하는 자는 소유권보존등기를 신청할 수 있다.
② 일부지분에 대한 소유권보존등기를 신청한 경우에는 그 등기신청은 각하되어야 한다.
③ 토지에 관한 소유권보존등기의 경우, 해당 토지가 소유권보존등기 신청인의 소유임을 이유로 소유권보존등기의 말소를 명한 확정판결에 의해서 자기의 소유권을 증명하는 자는 소유권보존등기를 신청할 수 있다.
④ 1동의 건물에 속하는 구분건물 중 일부만에 관하여 소유권보존등기를 신청하는 경우에는 나머지 구분건물의 표시에 관한 등기를 동시에 신청하여야 한다.
⑤ 미등기주택에 대하여 임차권등기명령에 의한 등기촉탁이 있는 경우에 등기관은 직권으로 소유권보존등기를 한 후 주택임차권등기를 하여야 한다.

톺아보기

★ 소유권보존등기의 판결의 상대방은 대장상 소유자로 등록되어 있는 자이나, 대장상의 소유자란이 공란으로 비어 있거나 소유자를 특정할 수 없는 경우에는 토지는 '국가'를 상대방으로, 건물은 건축물대장의 작성권자인 '시장·군수·구청장'을 상대방으로 하여야 한다.

07 소유권보존등기에 관한 설명으로 옳은 것은? 제29회

① 보존등기에는 등기원인과 그 연월일을 기록한다.
② 군수의 확인에 의하여 미등기토지가 자기의 소유임을 증명하는 자는 보존등기를 신청할 수 있다.
③ 등기관이 미등기부동산에 관하여 과세관청의 촉탁에 따라 체납처분으로 인한 압류등기를 하기 위해서는 직권으로 소유권보존등기를 하여야 한다.
④ 미등기토지에 관한 소유권보존등기는 수용으로 인하여 소유권을 취득하였음을 증명하는 자도 신청할 수 있다.
⑤ 소유권보존등기를 신청하는 경우 신청인은 등기소에 등기필정보를 제공하여야 한다.

톺아보기

오답해설
① 보존등기에는 등기원인과 그 연월일을 기록하지 아니한다.
② 군수의 확인에 의하여 미등기건물에 대하여 보존등기를 신청할 수 있다.
③ 체납처분으로 인한 압류등기는 직권에 의한 소유권보존등기의 사유에 해당하지 아니한다.
⑤ 소유권보존등기를 신청하는 경우 신청인은 등기소에 등기필정보를 첨부하지 아니한다.

---

08 소유권에 관한 등기의 설명으로 옳은 것을 모두 고른 것은? 제31회

상중하

㉠ 등기관이 소유권보존등기를 할 때에는 등기원인의 연월일을 기록한다.
㉡ 등기관이 미등기부동산에 대하여 법원의 촉탁에 따라 소유권의 처분제한의 등기를 할 때에는 직권으로 소유권보존등기를 한다.
㉢ 등기관이 소유권의 일부에 관한 이전등기를 할 때에는 이전되는 지분을 기록하여야 하고, 그 등기원인에 분할금지약정이 있을 때에는 그 약정에 관한 사항도 기록하여야 한다.

① ㉠   ② ㉡
③ ㉠, ㉡   ④ ㉠, ㉢
⑤ ㉡, ㉢

톺아보기

옳은 것은 ㉡㉢이다.
㉠ 등기관이 소유권보존등기를 할 때에는 등기원인의 연월일을 기록하지 아니한다.
★ ㉡ 등기관이 미등기부동산에 대하여 법원의 촉탁에 따라 소유권의 처분제한의 등기를 할 때에는 직권으로 소유권보존등기를 하고, 처분제한의 등기를 명하는 법원의 재판에 따라 소유권의 등기를 한다는 뜻을 기록하여야 한다(법 제66조 제1항).
㉢ 등기관이 소유권의 일부에 관한 이전등기를 할 때에는 이전되는 지분을 기록하여야 한다. 이 경우 등기원인에 공유물불분할약정이 있을 때에는 그 약정에 관한 사항도 기록하여야 한다(법 제67조 제1항).

정답 | 06 ① 07 ④ 08 ⑤

09 소유권등기에 관한 설명으로 틀린 것은? (다툼이 있으면 판례에 따름) 제34회

① 미등기 건물의 건축물대장상 소유자로부터 포괄유증을 받은 자는 자기 명의로 소유권보존등기를 신청할 수 있다.
② 미등기 부동산이 전전양도된 경우, 최후의 양수인이 소유권보존등기를 한 때에도 그 등기가 결과적으로 실질적 법률관계에 부합된다면, 특별한 사정이 없는 한 그 등기는 무효라고 볼 수 없다.
③ 미등기 토지에 대한 소유권을 군수의 확인에 의해 증명한 자는 그 토지에 대한 소유권보존등기를 신청할 수 있다.
④ 특정유증을 받은 자로서 아직 소유권등기를 이전받지 않은 자는 직접 진정명의 회복을 원인으로 한 소유권이전등기를 청구할 수 없다.
⑤ 부동산 공유자의 공유지분 포기에 따른 등기는 해당 지분에 관하여 다른 공유자 앞으로 소유권이전등기를 하는 형태가 되어야 한다.

톺아보기

군수의 확인에 의해 소유권을 증명하여 소유권보존등기를 신청할 수 있는 경우는 건물의 경우로 한정한다. 토지의 경우에는 관련이 없다(법 제65조 제4호).

10 공유관계의 등기에 관한 설명으로 틀린 것은?

제28회

① 구분소유적 공유관계에 있는 1필의 토지를 특정된 부분대로 단독소유하기 위해서는 분필등기한 후 공유자 상호간에 명의신탁해지를 원인으로 하는 지분소유권 이전등기를 신청한다.
② 토지에 대한 공유물분할약정으로 인한 소유권이전등기는 공유자가 공동으로 신청할 수 있다.
③ 등기된 공유물분할금지기간을 단축하는 약정에 관한 변경등기는 공유자 전원이 공동으로 신청하여야 한다.
④ 공유자 중 1인의 지분포기로 인한 소유권이전등기는 공유지분권을 포기하는 공유자가 단독으로 신청하여야 한다.
⑤ 등기된 공유물분할금지기간 약정을 갱신하는 경우, 이에 대한 변경등기는 공유자 전원이 공동으로 신청하여야 한다.

톺아보기

★ 공유자 중 1인의 지분포기로 인한 소유권이전등기는 지분을 포기하는 공유자와 잔존공유자가 공동으로 신청하여야 한다.

더 알아보기

소유권 포기와 소유권이전등기

- 건물 또는 토지의 소유권을 포기한 경우 그 소유권을 포기한 자는 단독으로 그에 따른 등기를 신청할 수 없으며, 「민법」 제252조 제2항에 의하여 그 소유권을 취득하는 국가와 공동으로 소유권 포기를 원인으로 한 소유권이전등기를 신청하여야 한다. 다만, 위 등기를 신청하는 경우에 등기상 이해관계가 있는 제3자가 있는 때에는 신청서에 그 자의 승낙서 또는 이에 대항할 수 있는 재판의 등본을 첨부하여야 한다(등기예규 제816호).
- 토지거래규제지역 내에 있는 수인공유의 토지를 공유자 중 일부가 그 지분을 포기함으로써 다른 공유자 앞으로 권리귀속으로 인한 소유권이전등기를 신청하는 경우에는 신청서에 토지거래허가서를 첨부할 필요는 없다(등기선례 제3-167호).

정답 | 09 ③ 10 ④

11 공동소유에 관한 등기에 대한 설명으로 옳은 것은? 제29회

① 합유등기에는 합유지분을 표시한다.
② 농지에 대하여 공유물분할을 원인으로 하는 소유권이전등기를 신청하는 경우, 농지취득자격증명을 첨부하여야 한다.
③ 미등기부동산의 공유자 중 1인은 자기 지분만에 대하여 소유권보존등기를 신청할 수 있다.
④ 갑구 순위번호 2번에 기록된 A의 공유지분 4분의 3 중 절반을 B에게 이전하는 경우, 등기목적란에 '2번 A지분 4분의 3 중 일부(2분의 1) 이전'으로 기록한다.
⑤ 법인 아닌 사단 A 명의의 부동산에 관해 A와 B의 매매를 원인으로 이전등기를 신청하는 경우, 특별한 사정이 없는 한 A의 사원총회결의가 있음을 증명하는 정보를 제출하여야 한다.

톺아보기

오답해설
① 합유등기에는 합유지분을 표시하지 아니한다.
② 농지에 대하여 공유물분할을 원인으로 하는 소유권이전등기를 신청하는 경우, 농지취득자격증명을 첨부하지 아니한다.
③ 미등기부동산의 공유자 중 1인은 자기 지분만에 대하여 소유권보존등기를 신청할 수 없다.
④ 등기목적란에 '2번 A지분 4분의 3 중 일부(8분의 3) 이전'으로 기록하며, 이전하는 지분은 부동산 전체에 대한 지분을 명시하여 괄호 안에 기록하여야 한다.

12 공유에 관한 등기에 대한 설명으로 옳은 것은? (다툼이 있으면 판례에 따름) 제30회

① 미등기부동산의 공유자 중 1인은 전체 부동산에 대한 소유권보존등기를 신청할 수 없다.
② 공유자 중 1인의 지분포기로 인한 소유권이전등기는 지분을 포기한 공유자가 단독으로 신청한다.
③ 등기된 공유물분할금지기간 약정을 갱신하는 경우, 공유자 중 1인이 단독으로 변경을 신청할 수 있다.
④ 건물의 특정 부분이 아닌 공유지분에 대한 전세권설정등기를 할 수 있다.
⑤ 1필의 토지 일부를 특정하여 구분소유하기로 하고 1필지 전체에 공유지분등기를 마친 경우, 대외관계에서는 1필지 전체에 공유관계가 성립한다.

톺아보기

오답해설

① 부동산의 특정 일부 또는 공유자 중 1인이 자기 공유지분만에 대해 소유권보존등기는 허용되지 않는다. 다만, 공유자 중 1인은 전체 부동산에 대한 소유권보존등기를 신청할 수 있다.
② 공유자 중 1인의 지분포기로 인한 소유권이전등기는 공동으로 신청한다.
③ 등기된 공유물분할금지기간 약정을 갱신하는 경우에 공동으로 신청한다.
④ 공유지분에 대한 전세권설정등기는 허용되지 아니한다.

---

13 소유권에 관한 등기의 설명으로 옳은 것을 모두 고른 것은? 제32회

㉠ 공유물분할금지약정이 등기된 부동산의 경우에 그 약정상 금지기간 동안에는 그 부동산의 소유권 일부에 관한 이전등기를 할 수 없다.
㉡ 2020년에 체결된 부동산매매계약서를 등기원인을 증명하는 정보로 하여 소유권이전등기를 신청하는 경우에는 거래가액을 신청정보의 내용으로 제공하여야 한다.
㉢ 거래가액을 신청정보의 내용으로 제공하는 경우, 1개의 부동산에 관한 여러 명의 매도인과 여러 명의 매수인 사이의 매매계약인 때에는 매매목록을 첨부정보로 제공하여야 한다.
㉣ 공유물분할금지약정이 등기된 경우, 그 약정의 변경등기는 공유자 중 1인이 단독으로 신청할 수 있다.

① ㉠, ㉡
② ㉠, ㉢
③ ㉡, ㉢
④ ㉡, ㉣
⑤ ㉢, ㉣

톺아보기

옳은 것은 ㉡㉢이다.
㉠ 공유물분할금지약정과 부동산의 소유권 일부에 관한 이전등기는 다른 사항이므로 허용된다.
㉣ 공유물분할금지약정이 등기된 경우, 그 약정의 변경등기는 공유자 전원이 공동으로 신청할 수 있다.

14 합유등기에 관한 설명으로 틀린 것은?

제30회

① 「민법」상 조합의 소유인 부동산을 등기할 경우, 조합원 전원의 명의로 합유등기를 한다.
② 합유등기를 하는 경우, 합유자의 이름과 각자의 지분비율이 기록되어야 한다.
③ 2인의 합유자 중 1인이 사망한 경우, 잔존 합유자는 그의 단독소유로 합유명의인 변경등기신청을 할 수 있다.
④ 합유자 중 1인이 다른 합유자 전원의 동의를 얻어 합유지분을 처분하는 경우, 지분이전등기를 신청할 수 없다.
⑤ 공유자 전원이 그 소유관계를 합유로 변경하는 경우, 변경계약을 등기원인으로 변경등기를 신청해야 한다.

톺아보기

② 등기권리자가 2인 이상의 공유인 때에는 신청정보에 그 지분을 적어야 한다. 그러나 등기할 권리가 합유인 때에는 신청정보에 합유인 뜻을 적어야 하나, 그 지분을 적을 필요는 없다.
★ ④ 합유자 중 일부가 나머지 합유자들 전원의 동의를 얻어 그의 합유지분을 타에 매도 기타 처분하여 종전의 합유자 중 일부가 교체되는 경우에 합유지분을 처분한 합유자와 합유지분을 취득한 합유자 및 잔존 합유자의 공동신청으로 합유명의인 변경등기신청을 하여야 한다.

더 알아보기

합유등기의 사무처리에 관한 예규(등기예규 제911호)

1. 등기부상 합유표시방법
   등기부상 각 합유자의 지분을 표시하지 아니한다.
2. 등기부상 합유자가 변경되는 경우
   ㉠ 합유자 중 일부가 교체되는 경우: 합유자 중 일부가 나머지 합유자들 전원의 동의를 얻어 그의 합유지분을 타에 매도 기타 처분하여 종전의 합유자 중 일부가 교체되는 경우에 합유지분을 처분한 합유자와 합유지분을 취득한 합유자 및 잔존 합유자의 공동신청으로 합유명의인 변경등기신청을 하여야 한다.
   ㉡ 합유자 중 일부가 탈퇴한 경우: 잔존 합유자가 수인인 경우 합유자 중 일부가 그 합유지분을 잔존 합유자에게 처분하고 합유자의 지위에서 탈퇴한 경우 잔존 합유자가 수인인 때에는 탈퇴한 합유자와 잔존 합유자의 공동신청으로 잔존 합유자의 합유로 하는 합유명의인 변경등기신청을 하여야 한다.
   ㉢ 합유자 중 일부가 사망한 경우
   • 합유자가 3인 이상인 경우에 그중 1인이 사망한 때에는 잔존 합유자는 사망한 합유자의 사망 사실을 증명하는 서면을 첨부하여 해당 부동산을 잔존 합유자의 합유로 하는 합유명의인 변경등기신청을 할 수 있다.
   • 합유자가 2인인 경우에 그중 1인이 사망한 때에는 잔존 합유자는 사망한 합유자의 사망 사실을 증명하는 서면을 첨부하여 해당 부동산을 잔존 합유자의 단독소유로 하는 합유명의인 변경등기신청을 할 수 있다.

3. 공유를 합유로 변경하는 경우
   공유자 전부 또는 일부가 그 소유관계를 합유로 변경하는 경우, 합유로 변경하려고 하는 공유자들의 공동신청으로 'ㅇ년 ㅇ월 ㅇ일 변경계약'을 원인으로 한 합유로의 변경등기신청을 하여야 한다.
4. 단독소유를 수인의 합유로 이전하는 경우
   단독소유자와 합유자들의 공동신청으로 소유권이전등기신청을 하여야 한다.

15 상중하

부동산등기에 관한 설명으로 옳은 것은? 제35회

① 유증으로 인한 소유권이전등기는 상속등기를 거치지 않으면 유증자로부터 직접 수증자 명의로 신청할 수 없다.
② 유증으로 인한 소유권이전등기 신청이 상속인의 유류분을 침해하는 내용인 경우에는 등기관은 이를 수리할 수 없다.
③ 상속재산분할심판에 따른 상속인의 소유권이전등기는 법정상속분에 따른 상속등기를 거치지 않으면 할 수 없다.
④ 상속등기 경료 전의 상속재산분할협의에 따라 상속등기를 신청하는 경우, 등기원인일자는 '협의분할일'로 한다.
⑤ 권리의 변경등기는 그 등기로 등기상 이해관계 있는 제3자의 권리가 침해되는 경우, 그 제3자의 승낙 또는 이에 대항할 수 있는 재판이 있음을 증명하는 정보의 제공이 없으면 부기등기로 할 수 없다.

톺아보기

[오답해설]
① 유증을 원인으로 한 소유권이전등기는 포괄유증이든 특정유증이든 모두 상속등기를 거치지 않고 유증자로부터 직접 수증자 명의로 등기를 신청하여야 한다(등기예규 제1512호).
② 포괄적 수증자의 소유권보존등기 및 유증으로 인한 소유권이전등기 신청이 상속인의 유류분을 침해하는 내용이라 하더라도 등기관은 이를 수리하여야 한다(등기예규 제1512호).
③ 상속재산의 분할은 상속개시된 때에 소급하여 그 효력이 미치므로, 상속재산분할심판에 따른 소유권이전등기는 법정상속분에 따른 상속등기를 거치지 않고 막바로 할 수 있다(1997.9.29. 등기 3402-718 질의회답).
④ 상속등기 경료 전의 상속재산분할협의에 따라 상속등기를 신청하는 경우, 등기원인일자는 '상속개시일'로 한다.

정답 | 14 ② 15 ⑤

16 수용으로 인한 등기에 관한 설명으로 옳은 것을 모두 고른 것은? 제30회

㉠ 수용으로 인한 소유권이전등기는 토지수용위원회의 재결서를 등기원인증서로 첨부하여 사업시행자가 단독으로 신청할 수 있다.
㉡ 수용으로 인한 소유권이전등기신청서에 등기원인은 토지수용으로, 그 연월일은 수용의 재결일로 기재해야 한다.
㉢ 수용으로 인한 등기신청시 농지취득자격증명을 첨부해야 한다.
㉣ 등기권리자의 단독신청에 따라 수용으로 인한 소유권이전등기를 하는 경우, 등기관은 그 부동산을 위해 존재하는 지역권의 등기를 직권으로 말소해서는 안 된다.
㉤ 수용으로 인한 소유권이전등기가 된 후 토지수용위원회의 재결이 실효된 경우, 그 소유권이전등기의 말소등기는 원칙적으로 공동신청에 의한다.

① ㉠, ㉡, ㉢
② ㉠, ㉢, ㉣
③ ㉠, ㉣, ㉤
④ ㉡, ㉢, ㉤
⑤ ㉡, ㉣, ㉤

톺아보기

옳은 것은 ㉠㉣㉤이다.
㉠ 수용으로 인한 소유권이전등기는 토지수용위원회의 재결서 또는 협의성립확인서 등을 등기원인증서로 첨부하여 사업시행자가 단독으로 신청할 수 있다.
㉡ 등기원인은 '토지수용'으로, 등기원인일자는 '수용개시일' 또는 '수용한 날'로 기록한다.
㉢ 수용으로 인한 등기신청시 농지취득자격증명을 첨부하지 아니한다.
㉣ 수용으로 인한 소유권이전등기를 하는 경우, 등기관은 그 부동산을 위해 존재하는 지역권의 등기를 직권으로 말소할 수 없다.
㉤ 수용으로 인한 소유권이전등기가 된 후 토지수용위원회의 재결이 실효된 경우, 그 소유권이전등기의 말소등기는 등기권리자와 등기의무자가 공동으로 신청한다.

더 알아보기

토지수용으로 인한 말소등기 등(등기예규 제1388호)

토지수용으로 인한 소유권이전등기를 하는 경우에는 다음의 등기는 등기관이 이를 직권으로 말소하여야 한다.
- 수용의 개시일 이후에 경료된 소유권이전등기. 다만, 수용의 개시일 이전의 상속을 원인으로 한 소유권이전등기는 그러하지 아니하다.
- 소유권 이외의 권리, 즉 지상권, 지역권, 전세권, 저당권, 권리질권 및 임차권에 관한 등기. 다만 그 부동산을 위하여 존재하는 지역권의 등기와 토지수용위원회의 재결에 의하여 인정된 권리는 그러하지 아니하다.
- 가등기, 가압류, 가처분 및 압류

17 부동산등기에 관한 설명으로 옳은 것을 모두 고른 것은?

제31회

㉠ 국가 및 지방자치단체에 해당하지 않는 등기권리자는 재결수용으로 인한 소유권이전등기를 단독으로 신청할 수 있다.
㉡ 등기관은 재결수용으로 인한 소유권이전등기를 하는 경우에 그 부동산을 위하여 존재하는 지역권의 등기를 직권으로 말소하여야 한다.
㉢ 관공서가 공매처분을 한 경우에 등기권리자의 청구를 받으면 지체 없이 공매처분으로 인한 권리이전의 등기를 등기소에 촉탁하여야 한다.
㉣ 등기 후 등기사항에 변경이 생겨 등기와 실체관계가 일치하지 않을 때는 경정등기를 신청하여야 한다.

① ㉠, ㉢
② ㉠, ㉣
③ ㉡, ㉢
④ ㉠, ㉡, ㉣
⑤ ㉡, ㉢, ㉣

톺아보기

옳은 것은 ㉠㉢이다.
㉠ 국가 및 지방자치단체가 수용한 경우에는 촉탁등기에 의하고, 기업자가 수용한 경우에 기업자(등기권리자)는 재결수용으로 인한 소유권이전등기를 단독으로 신청할 수 있다.
㉡ 등기관은 재결수용으로 인한 소유권이전등기를 하는 경우에 그 부동산을 위하여 존재하는 지역권의 등기를 직권으로 말소할 수 없다.
㉢ 관공서가 공매처분을 한 경우에 등기권리자의 청구를 받으면 지체 없이 공매처분으로 인한 권리이전의 등기, 공매처분으로 인하여 소멸한 권리등기(權利登記)의 말소, 체납처분에 관한 압류등기 및 공매공고등기의 말소를 등기소에 촉탁하여야 한다.
㉣ 등기 후 등기사항에 변경이 생겨 등기와 실체관계가 일치하지 않을 때는 후발적 불일치에 해당하므로 변경등기를 신청하여야 한다.

18 진정명의회복을 위한 소유권이전등기에 관한 설명으로 옳은 것을 모두 고른 것은?

제35회

㉠ 진정명의회복을 원인으로 하는 소유권이전등기를 신청하는 경우, 그 신청정보에 등기원인일자는 기재하지 않는다.
㉡ 토지거래허가의 대상이 되는 토지에 관하여 진정명의회복을 원인으로 하는 소유권이전등기를 신청하는 경우에는 토지거래허가증을 첨부해야 한다.
㉢ 진정명의회복을 위한 소유권이전등기청구소송에서 승소확정판결을 받은 자는 그 판결을 등기원인으로 하여 현재 등기명의인의 소유권이전등기에 대하여 말소등기를 신청할 수는 없다.

① ㉠ ② ㉡ ③ ㉠, ㉢
④ ㉡, ㉢ ⑤ ㉠, ㉡, ㉢

톺아보기

토지거래허가의 대상이 되는 토지에 관하여 진정명의회복을 원인으로 하는 소유권이전등기를 신청하는 경우에는 토지거래허가증을 첨부하지 아니한다(등기예규 제1631호).

19 소유권이전등기에 관한 설명으로 옳은 것을 모두 고른 것은? (다툼이 있으면 판례에 따름)

제29회

㉠ 甲이 그 명의로 등기된 부동산을 乙에게 매도한 뒤 단독상속인 丙을 두고 사망한 경우, 丙은 자신을 등기의무자로 하여 甲에서 직접 乙로의 이전등기를 신청할 수는 없다.
㉡ 甲 소유 토지에 대해 사업시행자 乙이 수용보상금을 지급한 뒤 乙 명의로 재결수용에 기한 소유권이전등기를 하는 경우, 수용개시일 후 甲이 丙에게 매매를 원인으로 경료한 소유권이전등기는 직권말소된다.
㉢ 공동상속인이 법정상속분과 다른 비율의 지분이전등기를 상속을 원인으로 신청하는 경우, 그 지분이 신청인이 주장하는 지분으로 변동된 사실을 증명하는 서면을 신청서에 첨부하여 제출하지 않으면 등기관은 그 신청을 각하한다.
㉣ 甲 소유 토지에 대해 甲과 乙의 가장매매에 의해 乙 앞으로 소유권이전등기가 된 후에 선의의 丙 앞으로 저당권설정등기가 설정된 경우, 甲과 乙은 공동으로 진정명의회복을 위한 이전등기를 신청할 수 없다.

① ㉠, ㉡ ② ㉠, ㉣ ③ ㉡, ㉢
④ ㉢, ㉣ ⑤ ㉡, ㉢, ㉣

톺아보기

옳은 것은 ⓒⓒ이다.
- ㉠ 甲이 그 명의로 등기된 부동산을 乙에게 매도한 뒤 단독상속인 丙을 두고 사망한 경우, 丙은 자신을 등기의무자로 하여 甲에서 직접 乙로의 이전등기를 신청할 수 있다. ⇨ 포괄승계인에 의한 등기
- ㉡ 甲 소유 토지에 대해 사업시행자 乙이 수용보상금을 지급한 뒤 乙 명의로 재결수용에 기한 소유권이전등기를 하는 경우, 수용개시일 이후에 경료된 소유권이전등기는 직권말소된다.
- ㉢ 공동상속인이 법정상속분과 다른 비율의 지분이전등기를 상속을 원인으로 신청하는 경우, 상속재산분할협의서를 신청서에 첨부하여야 한다.
- ㉣ 등기원인에 무효 또는 취소 사유가 있는 경우에 공동으로 진정명의회복을 원인으로 한 소유권이전등기를 신청할 수 있다.

20 환매특약등기의 등기사항인 것을 모두 고른 것은? 제32회

㉠ 채권최고액 ㉡ 이자지급시기
㉢ 매매비용   ㉣ 매수인이 지급한 대금

① ㉠, ㉡   ② ㉠, ㉣   ③ ㉡, ㉢
④ ㉡, ㉣   ⑤ ㉢, ㉣

톺아보기

등기관이 환매특약의 등기를 할 때에는 매수인이 지급한 대금(㉣)과 매매비용(㉢)을 기록하여야 한다. 다만, 환매기간은 등기원인에 그 사항이 정하여져 있는 경우에만 기록한다(법 제53조).

정답 | 18 ③ 19 ③ 20 ⑤

21. 환매특약의 등기에 관한 설명으로 틀린 것은? 제33회

① 매매비용을 기록해야 한다.
② 매수인이 지급한 대금을 기록해야 한다.
③ 환매특약등기는 매매로 인한 소유권이전등기가 마쳐진 후에 신청해야 한다.
④ 환매기간은 등기원인에 그 사항이 정하여져 있는 경우에만 기록한다.
⑤ 환매에 따른 권리취득의 등기를 한 경우, 등기관은 특별한 사정이 없는 한 환매특약의 등기를 직권으로 말소해야 한다.

톺아보기

환매특약의 등기는 소유권이전등기와 동시에 신청하여야 한다.

22. 환매특약등기에 관한 설명으로 틀린 것은? 제35회

① 매매로 인한 소유권이전등기의 신청과 환매특약등기의 신청은 동시에 하여야 한다.
② 환매등기의 경우 매도인이 아닌 제3자를 환매권리자로 하는 환매등기를 할 수 있다.
③ 환매특약등기에 처분금지적 효력은 인정되지 않는다.
④ 매매목적물의 소유권의 일부 지분에 대한 환매권을 보류하는 약정을 맺은 경우, 환매특약등기 신청은 할 수 없다.
⑤ 환매기간은 등기원인에 그 사항이 정하여져 있는 경우에만 기록한다.

톺아보기

환매등기의 경우 매도인은 환매권자이므로 제3자를 환매권리자로 하는 환매등기를 할 수 없다.

23 신탁등기에 관한 설명으로 틀린 것은?

제27회

① 신탁등기시 수탁자가 甲과 乙인 경우, 등기관은 신탁재산이 甲과 乙의 합유인 뜻을 기록해야 한다.
② 등기관이 수탁자의 고유재산으로 된 뜻의 등기와 함께 신탁등기의 말소등기를 할 경우, 하나의 순위번호를 사용한다.
③ 수탁자의 신탁등기신청은 해당 부동산에 관한 권리의 설정등기, 보존등기, 이전등기 또는 변경등기의 신청과 동시에 해야 한다.
④ 신탁재산의 일부가 처분되어 권리이전등기와 함께 신탁등기의 변경등기를 할 경우, 각기 다른 순위번호를 사용한다.
⑤ 신탁등기의 말소등기신청은 권리의 이전 또는 말소등기나 수탁자의 고유재산으로 된 뜻의 등기신청과 함께 1건의 신청정보로 일괄하여 해야 한다.

톺아보기

신탁재산의 일부가 처분되었거나 신탁의 일부가 종료되어 권리이전등기와 함께 신탁등기의 변경등기를 할 때에는 하나의 순위번호를 사용하고, 처분 또는 종료 후의 수탁자의 지분을 기록하여야 한다(규칙 제142조).

정답 | 21 ③ 22 ② 23 ④

24

「신탁법」에 따른 신탁의 등기에 관한 설명으로 옳은 것은? 제31회

① 수익자는 수탁자를 대위하여 신탁등기를 신청할 수 없다.
② 신탁등기의 말소등기는 수탁자가 단독으로 신청할 수 없다.
③ 하나의 부동산에 대해 수탁자가 여러 명인 경우, 등기관은 그 신탁부동산이 합유인 뜻을 기록하여야 한다.
④ 신탁재산에 속한 권리가 이전됨에 따라 신탁재산에 속하지 아니하게 된 경우, 신탁등기의 말소신청은 신탁된 권리의 이전등기가 마쳐진 후에 별도로 하여야 한다.
⑤ 위탁자와 수익자가 합의로 적법하게 수탁자를 해임함에 따라 수탁자의 임무가 종료된 경우, 신수탁자는 단독으로 신탁재산인 부동산에 관한 권리이전등기를 신청할 수 없다.

톺아보기

오답해설
① 수익자는 수탁자를 대위하여 신탁등기를 신청할 수 있다(법 제82조 제2항).
② 신탁등기의 말소등기는 수탁자가 단독으로 신청할 수 있다(법 제87조 제3항).
④ 신탁재산에 속한 권리가 이전, 변경 또는 소멸됨에 따라 신탁재산에 속하지 아니하게 된 경우, 신탁등기의 말소신청은 신탁된 권리의 이전등기, 변경등기 또는 말소등기의 신청과 동시에 하여야 한다(법 제87조 제1항).
⑤ 위탁자와 수익자가 합의로 적법하게 수탁자를 해임함에 따라 수탁자의 임무가 종료된 경우, 신수탁자는 단독으로 신탁재산인 부동산에 관한 권리이전등기를 신청할 수 있다(법 제83조).

25 「부동산등기법」상 신탁등기에 관한 설명으로 옳은 것을 모두 고른 것은? 제32회

㉠ 법원이 신탁변경의 재판을 한 경우 수탁자는 지체 없이 신탁원부 기록의 변경등기를 신청하여야 한다.
㉡ 신탁재산이 수탁자의 고유재산이 되었을 때에는 그 뜻의 등기를 주등기로 하여야 한다.
㉢ 등기관이 신탁재산에 속하는 부동산에 관한 권리에 대하여 수탁자의 변경으로 인한 이전등기를 할 경우에는 직권으로 그 부동산에 관한 신탁원부 기록의 변경등기를 하여야 한다.
㉣ 수익자가 수탁자를 대위하여 신탁등기를 신청하는 경우에는 해당 부동산에 관한 권리의 설정등기의 신청과 동시에 하여야 한다.

① ㉠, ㉡
② ㉡, ㉢
③ ㉢, ㉣
④ ㉠, ㉡, ㉣
⑤ ㉠, ㉢, ㉣

톺아보기

옳은 것은 ㉡㉢이다.
㉠ 법원이 신탁변경의 재판을 한 경우 지체 없이 신탁원부 기록의 변경등기를 등기소에 촉탁하여야 한다(법 제85조 제1항).
★ ㉣ 수익자나 위탁자는 수탁자를 대위하여 신탁등기를 신청할 수 있다. 이 경우 동시신청은 적용하지 아니한다(법 제82조 제2항).

정답 | 24 ③　25 ②

26 「부동산등기법」상 신탁등기에 관한 설명으로 틀린 것은?

제33회

① 수익자는 수탁자를 대위하여 신탁등기를 신청할 수 있다.
② 신탁등기의 말소등기는 수탁자가 단독으로 신청할 수 있다.
③ 신탁가등기는 소유권이전청구권보전을 위한 가등기와 동일한 방식으로 신청하되, 신탁원부 작성을 위한 정보를 첨부정보로서 제공해야 한다.
④ 여러 명의 수탁자 중 1인의 임무종료로 인한 합유명의인 변경등기를 한 경우에는 등기관은 직권으로 신탁원부 기록을 변경해야 한다.
⑤ 법원이 신탁관리인 선임의 재판을 한 경우, 그 신탁관리인은 지체 없이 신탁원부 기록의 변경등기를 신청해야 한다.

톺아보기

★ 법원은 신탁관리인의 선임 또는 해임의 재판을 한 경우, 지체 없이 신탁원부 기록의 변경등기를 등기소에 촉탁하여야 한다(법 제85조 제1항).

더 알아보기

신탁의 특수등기

촉탁에 의한 신탁변경등기 (법 제85조)	법원은 아래의 어느 하나에 해당하는 재판을 한 경우 지체 없이 신탁원부 기록의 변경등기를 등기소에 촉탁하여야 한다. • 수탁자 해임의 재판 • 신탁관리인의 선임 또는 해임의 재판 • 신탁 변경의 재판
직권에 의한 신탁변경등기 (법 제85조의2)	등기관이 신탁재산에 속하는 부동산에 관한 권리에 대하여 아래의 어느 하나에 해당하는 등기를 할 경우 직권으로 그 부동산에 관한 신탁원부 기록의 변경등기를 하여야 한다. • 수탁자의 변경으로 인한 이전등기 • 여러 명의 수탁자 중 1인의 임무 종료로 인한 변경등기 • 수탁자인 등기명의인의 성명 및 주소(법인인 경우에는 그 명칭 및 사무소 소재지를 말함)에 관한 변경등기 또는 경정등기

27 전세권의 등기에 관한 설명으로 **틀린** 것은?   제25회

① 수개의 부동산에 관한 권리를 목적으로 하는 전세권설정등기를 할 수 있다.
② 공유부동산에 전세권을 설정할 경우, 그 등기기록에 기록된 공유자 전원이 등기의무자이다.
③ 등기원인에 위약금약정이 있는 경우, 등기관은 전세권설정등기를 할 때 이를 기록한다.
④ 전세권이 소멸하기 전에 전세금반환채권의 일부양도에 따른 전세권일부이전등기를 신청할 수 있다.
⑤ 전세금반환채권의 일부양도를 원인으로 한 전세권일부이전등기를 할 때 양도액을 기록한다.

톺아보기

★ 전세권일부이전등기의 신청은 전세권의 존속기간의 만료 전에는 할 수 없다. 다만, 존속기간 만료 전이라도 해당 전세권이 소멸하였음을 증명하여 신청하는 경우에는 그러하지 아니하다(법 제73조 제2항).

정답 | 26 ⑤ 27 ④

28 등기제도에 관한 설명으로 옳은 것은? 제27회

① 등기기록에 기록되어 있는 사항은 이해관계인에 한해 열람을 청구할 수 있다.
② 등기관이 등기를 마친 경우, 그 등기는 등기를 마친 때부터 효력을 발생한다.
③ 전세권의 존속기간이 만료된 경우, 전세금반환채권의 일부양도를 원인으로 한 전세권일부이전등기도 가능하다.
④ 말소된 등기의 회복을 신청할 때에 등기상 이해관계 있는 제3자가 있는 경우, 그 제3자의 승낙은 필요하지 않다.
⑤ 등기소에 보관 중인 등기신청서는 법관이 발부한 영장에 의해 압수하는 경우에도 등기소 밖으로 옮기지 못한다.

톺아보기

[오답해설]
① 누구든지 등기기록에 기록되어 있는 사항의 전부 또는 일부의 열람(閱覽)과 이를 증명하는 등기사항증명서의 발급을 청구할 수 있다. 다만, 등기기록의 부속서류에 대하여는 이해관계 있는 부분만 열람을 청구할 수 있다(법 제19조).
② 등기관이 등기를 마친 경우 그 등기는 접수한 때부터 효력을 발생한다(법 제6조 제2항).
④ 말소회복등기를 신청하는 경우에 이해관계인의 승낙을 요한다.
⑤ 등기부의 부속서류는 전쟁·천재지변이나 그 밖에 이에 준하는 사태를 피하기 위한 경우 외에는 등기소 밖으로 옮기지 못한다. 다만, 신청서나 그 밖의 부속서류에 대하여는 법원의 명령 또는 촉탁(囑託)이 있거나 법관이 발부한 영장에 의하여 압수하는 경우에는 그러하지 아니하다(법 제14조 제4항).

29 전세권 등기에 관한 설명으로 틀린 것은? (다툼이 있으면 판례에 따름) 제33회

① 전세권 설정등기를 하는 경우, 등기관은 전세금을 기록해야 한다.
② 전세권의 사용·수익 권능을 배제하고 채권담보만을 위해 전세권을 설정한 경우, 그 전세권설정등기는 무효이다.
③ 집합건물에 있어서 특정 전유부분의 대지권에 대하여는 전세권설정등기를 할 수가 없다.
④ 전세권의 목적인 범위가 건물의 일부로서 특정 층 전부인 경우에는 전세권설정등기 신청서에 그 층의 도면을 첨부해야 한다.
⑤ 乙 명의의 전세권등기와 그 전세권에 대한 丙 명의의 가압류가 순차로 마쳐진 甲 소유의 부동산에 대하여 乙 명의의 전세권등기를 말소하라는 판결을 받았다고 하더라도 그 판결에 의하여 전세권말소등기를 신청할 때에는 丙의 승낙서 또는 丙에게 대항할 수 있는 재판의 등본을 첨부해야 한다.

톺아보기

부동산의 일부에 대한 전세권(임차권)설정등기 신청서에는 그 도면을 첨부하여야 할 것인바, 다만 전세권(임차권)의 목적인 범위가 건물의 일부로서 특정 층 전부인 때에는 그 도면을 첨부할 필요가 없다(등기선례 제200707-4호).

30 甲은 乙과 乙 소유 A건물 전부에 대해 전세금 5억원, 기간 2년으로 하는 전세권설정계약을 체결하고 공동으로 전세권설정등기를 신청하였다. 이에 관한 설명으로 **틀린** 것은?
제32회

① 등기관은 전세금을 기록하여야 한다.
② 등기관은 존속기간을 기록하여야 한다.
③ 전세권설정등기가 된 후, 전세금반환채권의 일부양도를 원인으로 한 전세권일부이전등기를 할 때에 등기관은 양도액을 기록한다.
④ 전세권설정등기가 된 후에 건물전세권의 존속기간이 만료되어 법정갱신이 된 경우, 甲은 존속기간 연장을 위한 변경등기를 하지 않아도 그 전세권에 대한 저당권설정등기를 할 수 있다.
⑤ 전세권설정등기가 된 후에 甲과 丙이 A건물의 일부에 대한 전전세계약에 따라 전전세등기를 신청하는 경우, 그 부분을 표시한 건물도면을 첨부정보로 등기소에 제공하여야 한다.

톺아보기

건물전세권이 법정갱신된 경우 이는 법률규정에 의한 물권변동에 해당하여 전세권갱신에 관한 등기를 하지 아니하고도 전세권설정자나 그 목적물을 취득한 제3자에 대하여 그 권리를 주장할 수 있으나, 등기를 하지 아니하면 이를 처분하지 못하므로, 갱신된 전세권을 다른 사람에게 이전하기 위해서는 먼저 전세권의 존속기간을 변경하는 등기를 하여야 한다(등기선례 제201805-6호).

정답 | 28 ③ 29 ④ 30 ④

31. 임차권등기에 관한 설명으로 옳은 것을 모두 고른 것은? 제35회

㉠ 임차권설정등기가 마쳐진 후 임대차 기간 중 임대인의 동의를 얻어 임차물을 전대하는 경우, 그 전대등기는 부기등기의 방법으로 한다.
㉡ 임차권등기명령에 의한 주택임차권등기가 마쳐진 경우, 그 등기에 기초한 임차권이전등기를 할 수 있다.
㉢ 미등기 주택에 대하여 임차권등기명령에 의한 등기촉탁이 있는 경우, 등기관은 직권으로 소유권보존등기를 한 후 주택임차권등기를 해야 한다.

① ㉠
② ㉡
③ ㉠, ㉢
④ ㉡, ㉢
⑤ ㉠, ㉡, ㉢

톺아보기

옳은 것은 ㉠㉢이다.
★ ㉡ 임차권등기명령에 의한 주택임차권등기가 마쳐진 경우, 그 등기에 기초한 임차권이전등기를 할 수 없다.

32. 용익권의 등기에 관한 설명으로 틀린 것은? 제28회

① 지상권설정등기를 할 때에는 지상권설정의 목적을 기록하여야 한다.
② 지역권설정등기를 할 때에는 지역권설정의 목적을 기록하여야 한다.
③ 임차권설정등기를 할 때에 등기원인에 임차보증금이 있는 경우, 그 임차보증금은 등기사항이다.
④ 지상권설정등기를 신청할 때에 그 범위가 토지의 일부인 경우, 그 부분을 표시한 토지대장을 첨부정보로서 등기소에 제공하여야 한다.
⑤ 임차권설정등기를 신청할 때에는 차임을 신청정보의 내용으로 제공하여야 한다.

톺아보기

지상권설정의 범위가 부동산의 일부인 경우에는 그 부분을 표시한 지적도를 첨부정보로서 등기소에 제공하여야 한다(규칙 제126조 제2항).

더 알아보기

각종 등기의 정리

구분	특수적 필요적 기재사항	첨부정보	특징
지상권	• 지상권설정의 목적 • 지상권설정의 범위	• 신청정보 • 지상권설정계약서 • 등기필정보 · 인감증명 • 토지거래허가서	• 구분지상권
지역권	• 요역지 · 승역지의 표시 • 지역권설정의 목적 • 지역권설정의 범위	• 신청정보 • 지상권설정계약서 • 등기필정보 · 인감증명	• 승역지의 지역권등기 • 요역지의 지역권등기(관할이 동일할 경우 등기관이 직권등기)
전세권	• 전세금 또는 전전세금 • 전세권의 목적인 범위	• 신청정보 • 전세권설정계약서 • 등기필정보 · 인감증명 • 공동전세목록	• 전세권일부이전등기
임차권	• 차임 • 범위	• 신청정보 • 임차권설정계약서 • 등기필정보 · 인감증명	• 주택임차권등기명령제도
저당권	• 채권액 • 채무자의 표시(성명과 주소) • 권리의 표시(지상권, 전세권)	• 신청정보 • 저당권설정계약서 • 등기필정보 · 인감증명 • 공동담보목록	-
근저당권	• 채권최고액 • 채무자의 표시(성명과 주소) • 근저당권설정계약의 뜻	-	• 채권최고액은 당사자가 수인인 경우에 단일하게 기재 • 수인의 채무자가 연대채무자인 경우 채무자로 기재
권리질권	• 질권의 목적인 권리표시 • 채권액 • 채무자의 표시(성명과 주소)	-	• 권리질권의 목적인 저당권등기에 부기등기

정답 | 31 ③ 32 ④

33 다음 중 등기원인에 약정이 있더라도 등기기록에 기록할 수 없는 사항은? 제35회

① 지상권의 존속기간
② 지역권의 지료
③ 전세권의 위약금
④ 임차권의 차임지급시기
⑤ 저당권부 채권의 이자지급장소

톺아보기

지역권설정등기의 경우에 지료는 등기할 사항에 해당하지 아니한다.

더 알아보기

각종등기의 임의적 기록사항

지상권	• 존속기간 • 지료와 지급시기 • 구분지상권의 설정에 관한 약정 • 지상권의 범위가 토지의 일부인 경우에 그 부분을 표시한 도면의 번호
지역권	• 지역권의 부종성에 관한 별도의 약정 • 용수지역권에 관한 별도의 약정 • 승역지소유자의 의무와 승계에 관한 약정 • 승역지의 일부에 지역권설정의 등기를 할 때에는 그 부분을 표시한 도면의 번호
전세권	• 존속기간 • 위약금 또는 배상금 • 전세권의 양도, 임대에 관한 약정 • 전세권설정이나 전전세의 범위가 부동산의 일부인 경우에는 그 부분을 표시한 도면의 번호
임차권	• 차임지급시기 • 존속기간(처분능력 또는 처분권한 없는 임대인에 의한 단기임대차인 경우에는 그 뜻) • 임차보증금 • 임차권의 양도 또는 임차물의 전대에 대한 임대인의 동의 • 임차권설정 또는 임차물전대의 범위가 부동산의 일부인 때에는 그 부분을 표시한 도면의 번호
저당권	• 변제기(辨濟期) • 이자 및 그 발생기 · 지급시기 • 원본(元本) 또는 이자의 지급장소 • 채무불이행(債務不履行)으로 인한 손해배상에 관한 약정 • 저당권의 효력의 범위에 관한 약정 • 채권의 조건
근저당권	• 저당권의 효력의 범위에 관한 약정 • 존속기간

34 용익권에 관한 등기에 대한 설명으로 틀린 것은?   제31회

① 시효완성을 이유로 통행지역권을 취득하기 위해서는 그 등기가 되어야 한다.
② 승역지에 지역권설정등기를 한 경우, 요역지의 등기기록에는 그 승역지를 기록할 필요가 없다.
③ 임대차 차임지급시기에 관한 약정이 있는 경우, 임차권등기에 이를 기록하지 않더라도 임차권등기는 유효하다.
④ 1필 토지의 일부에 대해 지상권설정등기를 신청하는 경우, 그 일부를 표시한 지적도를 첨부정보로서 등기소에 제공하여야 한다.
⑤ 전세금반환채권의 일부양도를 원인으로 하는 전세권일부이전등기의 신청은 전세권 소멸의 증명이 없는 한, 전세권 존속기간 만료 전에는 할 수 없다.

톺아보기

★ 등기관이 승역지에 지역권설정의 등기를 하였을 때에는 직권으로 요역지의 등기기록에 승역지를 기록하여야 한다(법 제71조).

정답 | 33 ② 34 ②

35 등기관이 용익권의 등기를 하는 경우에 관한 설명으로 옳은 것은? 제34회

① 1필 토지 전부에 지상권설정등기를 하는 경우, 지상권설정의 범위를 기록하지 않는다.
② 지역권의 경우, 승역지의 등기기록에 설정의 목적, 범위 등을 기록할 뿐, 요역지의 등기기록에는 지역권에 관한 등기사항을 기록하지 않는다.
③ 전세권의 존속기간이 만료된 경우, 그 전세권설정등기를 말소하지 않고 동일한 범위를 대상으로 하는 다른 전세권설정등기를 할 수 있다.
④ 2개의 목적물에 하나의 전세권설정계약으로 전세권설정등기를 하는 경우, 공동전세목록을 작성하지 않는다.
⑤ 차임이 없이 보증금의 지급만을 내용으로 하는 채권적 전세의 경우, 임차권설정등기기록에 차임 및 임차보증금을 기록하지 않는다.

톺아보기

④ 5개의 목적물에 하나의 전세권설정계약으로 전세권설정등기를 하는 경우, 등기관이 공동전세목록을 작성하여야 한다.

오답해설
① 1필 토지 전부에 지상권설정등기를 하는 경우, 지상권설정의 범위를 기록하여야 한다.
② 지역권의 경우, 승역지의 등기기록에 설정의 목적, 범위 등을 기록하고, 요역지의 등기기록에는 요역지 지역권에 관한 등기사항을 기록하여야 한다.
③ 전세권의 존속기간이 만료된 경우, 그 전세권설정등기를 말소하지 않고 동일한 범위를 대상으로 하는 다른 전세권설정등기를 할 수 없다(형식적 확정력, 후등기 저지력).
⑤ 차임이 없이 보증금의 지급만을 내용으로 하는 채권적 전세의 경우, 임차권설정등기기록에 차임은 기록하여야 한다.

36 저당권의 등기절차에 관한 설명으로 틀린 것은?

제28회

① 일정한 금액을 목적으로 하지 않는 채권을 담보하기 위한 저당권설정등기를 신청하는 경우, 그 채권의 평가액을 신청정보의 내용으로 등기소에 제공하여야 한다.
② 저당권의 이전등기를 신청하는 경우, 저당권이 채권과 같이 이전한다는 뜻을 신청정보의 내용으로 등기소에 제공하여야 한다.
③ 채무자와 저당권설정자가 동일한 경우에도 등기기록에 채무자를 표시하여야 한다.
④ 3개의 부동산이 공동담보의 목적물로 제공되는 경우, 등기관은 공동담보목록을 작성하여야 한다.
⑤ 피담보채권의 일부양도를 이유로 저당권의 일부이전등기를 하는 경우, 등기관은 그 양도액을 기록하여야 한다.

톺아보기

등기관은 부동산이 5개 이상일 때에는 공동담보목록을 작성하여야 한다(법 제78조 제2항).

정답 | 35 ④ 36 ④

37 담보물권에 관한 등기에 대한 설명으로 옳은 것은? 　　　　제29회

① 「민법」상 조합 자체를 채무자로 표시하여 근저당설정등기를 할 수 없다.
② 근저당권의 존속기간은 등기할 수 없다.
③ 채무자변경을 원인으로 하는 저당권변경등기는 변경 전 채무자를 등기권리자로, 변경 후 채무자를 등기의무자로 하여 공동으로 신청한다.
④ 근저당권설정등기 신청서에 변제기 및 이자를 기재하여야 한다.
⑤ 「민법」상 저당권부 채권에 대한 질권을 설정함에 있어서 채권최고액은 등기할 수 없다.

톺아보기

오답해설
② 근저당권의 존속기간은 임의적 기록사항으로 등기원인에 그 약정이 있는 경우에만 기록한다.
★ ③ 채무자변경을 원인으로 하는 저당권변경등기는 저당권자를 등기권리자로, 저당권설정자를 등기의무자로 하여 공동으로 신청한다(저당권등기에서 채무자는 당사자가 아님).
④ 근저당권설정등기에서 변제기와 이자는 기록하지 않는다. 근저당권설정등기를 하는 경우에 존속기간 또는 근저당권의 효력에 관한 약정이 임의적 기록사항이다.
⑤ 「민법」상 저당권부 채권에 대한 질권을 설정함에 있어서 채권최고액을 기록하여야 한다.

더 알아보기

근저당권이전등기와 채무자변경으로 인한 근저당권변경등기

근저당권이전등기	확정 전	• 피담보채권이 양도된 경우에 이를 원인으로 이전등기를 신청할 수는 없다. • 기본계약상의 채권자 지위가 제3자에게 전부양도된 경우, 양도인 및 양수인은 계약양도를 등기원인으로 기재
	확정 후	피담보채권이 양도 또는 대위변제된 경우에 근저당권자 및 채권양수인 또는 대위변제자는 등기원인을 확정채권양도 등으로 기재
근저당권변경등기 (채무자변경)	확정 전	기본계약상의 채무자 지위를 제3자가 계약에 의해 인수한 경우, 근저당권설정자 및 근저당권자는 계약인수, 중첩적 계약인수를 등기원인으로 기재
	확정 후	제3자가 그 피담보채무를 인수한 경우에 등기원인을 확정채무의 면책적 인수, 확정채무의 중첩적 인수 등으로 기재

38 저당권등기에 관한 설명으로 옳은 것은? 제30회

① 변제기는 저당권설정등기의 필요적 기록사항이다.
② 동일한 채권에 관해 2개 부동산에 저당권설정등기를 할 때는 공동담보목록을 작성해야 한다.
③ 채권의 일부에 대하여 양도로 인한 저당권일부이전등기를 할 때 양도액을 기록해야 한다.
④ 일정한 금액을 목적으로 하지 않는 채권을 담보하는 저당권설정의 등기는 채권평가액을 기록할 필요가 없다.
⑤ 공동저당 부동산 중 일부의 매각대금을 먼저 배당하여 경매부동산의 후순위 저당권자가 대위등기를 할 때, 매각대금을 기록하는 것이 아니라 선순위 저당권자가 변제받은 금액을 기록해야 한다.

톺아보기

오답해설

① 저당권등기의 필요적 기록사항은 채권액과 채무자이다. 변제기(辨濟期), 이자 및 그 발생기·지급시기, 원본(元本) 또는 이자의 지급장소, 채무불이행(債務不履行)으로 인한 손해배상에 관한 약정 등은 저당권등기의 임의적 기록사항이다.
② 공동담보목록은 담보가 5개 이상인 경우에 작성한다.
④ 등기관이 일정한 금액을 목적으로 하지 아니하는 채권을 담보하기 위한 저당권설정의 등기를 할 때에는 그 채권의 평가액을 기록하여야 한다(법 제77조).
⑤ 등기관이「민법」제368조 제2항 후단의 대위등기를 할 때에는 법 제48조에서 규정한 사항 외에 매각부동산, 매각대금, 선순위 저당권자가 변제받은 금액 등의 사항을 기록하여야 한다(법 제80조).

39 근저당권등기에 관한 설명으로 옳은 것은? 제31회

① 근저당권의 약정된 존속기간은 등기사항이 아니다.
② 피담보채권의 변제기는 등기사항이 아니다.
③ 지연배상액은 등기하였을 경우에 한하여 근저당권에 의해 담보된다.
④ 1번 근저당권의 채권자가 여러 명인 경우, 그 근저당권설정등기의 채권최고액은 각 채권자별로 구분하여 기재한다.
⑤ 채권자가 등기절차에 협력하지 아니한 채무자를 피고로 하여 등기절차의 이행을 명하는 확정판결을 받은 경우, 채권자는 채무자와 공동으로 근저당권설정등기를 신청하여야 한다.

톺아보기

★ ② 저당권설정등기의 경우에 변제기가 임의적 기록사항이며, 근저당권설정등기의 경우에 존속기간이 임의적 기록사항이다.

[오답해설]
① 근저당권설정등기의 경우에 존속기간은 임의적 기록사항이지만, 약정된 존속기간은 등기하여야 한다.
③ 채무불이행으로 인한 손해배상금에 관한 약정은 등기원인에 약정이 있는 경우에 기록한다. 그러나 지연배상액은 근저당권의 채권최고액에 포함되므로 근저당권에 의하여 담보된다.
④ 근저당권의 채권자가 여러 명인 경우, 그 근저당권설정등기의 채권최고액은 단일하게 기재한다.
⑤ 채권자가 등기절차에 협력하지 아니한 채무자를 피고로 하여 등기절차의 이행을 명하는 확정판결을 받은 경우, 채권자는 단독으로 근저당권설정등기를 신청할 수 있다.

40 등기관이 근저당권등기를 하는 경우에 관한 설명으로 틀린 것은? 제34회

① 채무자의 성명, 주소 및 주민등록번호를 등기기록에 기록하여야 한다.
② 채무자가 수인인 경우라도 채무자별로 채권최고액을 구분하여 기록할 수 없다.
③ 정보의 채권최고액이 외국통화로 표시된 경우, 외화표시금액을 채권최고액으로 기록한다.
④ 선순위근저당권의 채권최고액을 감액하는 변경등기는 그 저당목적물에 관한 후순위권리자의 승낙서가 첨부되지 않더라도 할 수 있다.
⑤ 수용으로 인한 소유권이전등기를 하는 경우, 특별한 사정이 없는 한 그 부동산의 등기기록 중 근저당권등기는 직권으로 말소하여야 한다.

톺아보기

근저당권등기의 경우에 채무자의 성명과 주소는 기록하지만, 채무자의 주민등록번호는 기록하지 아니한다 (법 제75조 제2항).

41 부동산 공동저당의 등기에 관한 설명으로 옳은 것을 모두 고른 것은?

제35회

⊙ 공동저당의 설정등기를 신청하는 경우, 각 부동산에 관한 권리의 표시를 신청정보의 내용으로 등기소에 제공해야 한다.
ⓒ 등기관이 공동저당의 설정등기를 하는 경우, 각 부동산의 등기기록 중 해당 등기의 끝부분에 공동담보라는 뜻의 기록을 해야 한다.
ⓒ 등기관이 공동저당의 설정등기를 하는 경우, 공동저당의 목적이 된 부동산이 3개일 때에는 등기관은 공동담보목록을 전자적으로 작성해야 한다.

① ⊙
② ⓒ
③ ⊙, ⓒ
④ ⓒ, ⓒ
⑤ ⊙, ⓒ, ⓒ

톺아보기

옳은 것은 ⊙ⓒ이다.
ⓒ 등기관이 공동저당의 설정등기를 하는 경우, 공동저당의 목적이 된 부동산이 5개일 때에는 등기관은 공동담보목록을 전자적으로 작성해야 한다.

정답 | 39 ② 40 ① 41 ③

42 집합건물의 등기에 관한 설명으로 옳은 것은? 제29회

① 등기관이 구분건물의 대지권등기를 하는 경우에는 건축물대장 소관청의 촉탁으로 대지권의 목적인 토지의 등기기록에 소유권, 지역권, 전세권 또는 임차권이 대지권이라는 뜻을 기록하여야 한다.
② 구분건물로서 그 대지권의 변경이 있는 경우에는 구분건물의 소유권의 등기명의인은 1동의 건물에 속하는 다른 구분건물의 소유권의 등기명의인을 대위하여 대지권의 변경등기를 신청할 수 있다.
③ '대지권에 대한 등기로서 효력이 있는 등기'와 '대지권의 목적인 토지의 등기기록 중 해당 구에 한 등기'의 순서는 순위번호에 따른다.
④ 구분건물의 등기기록에 대지권이 등기된 후 건물만에 관해 저당권설정계약을 체결한 경우, 그 설정계약을 원인으로 구분건물만에 관한 저당권설정등기를 할 수 있다.
⑤ 토지의 소유권이 대지권인 경우 토지의 등기기록에 대지권이라는 뜻의 등기가 되어 있더라도, 그 토지에 대한 새로운 저당권설정계약을 원인으로 하여, 그 토지의 등기기록에 저당권설정등기를 할 수 있다.

톺아보기

오답해설

★ ① 등기관이 구분건물의 대지권등기를 하는 경우에는 대지권의 목적인 토지의 등기기록에 대지권 뜻의 등기는 직권으로 기록하여야 한다(지역권은 제외).
③ '대지권에 대한 등기로서 효력이 있는 등기'와 '대지권의 목적인 토지의 등기기록 중 해당 구에 한 등기'의 순서는 접수번호에 따른다.
★ ④ 구분건물의 등기기록에 대지권이 등기된 후 구분건물만에 관한 저당권설정등기는 허용되지 아니한다.
⑤ 토지의 소유권이 대지권인 경우 토지의 등기기록에 저당권설정등기는 분리처분에 해당하여 허용되지 아니한다.

더 알아보기

대지권의 분리처분 금지 여부

구분	금지되는 등기	허용되는 등기
소유권이 대지권	토지 또는 건물만을 목적으로 하는 소유권이전등기(가등기, 가압류, 압류등기), 저당권설정등기	토지 또는 건물만을 목적으로 하는 용익물권, 임차권등기, 대지권등기 전의 처분금지가처분등기
지상권 등이 대지권	토지에 관한 지상권, 전세권이전등기, 지상권(전세권)목적의 저당권설정등기	토지를 목적으로 하는 소유권이전등기, 저당권설정등기

43 부동산등기에 관한 설명으로 틀린 것은? 제31회

① 규약에 따라 공용부분으로 등기된 후 그 규약이 폐지된 경우, 그 공용부분 취득자는 소유권이전등기를 신청하여야 한다.
② 등기할 건물이 구분건물인 경우에 등기관은 1동 건물의 등기기록의 표제부에는 소재와 지번, 건물명칭 및 번호를 기록하고, 전유부분의 등기기록의 표제부에는 건물번호를 기록하여야 한다.
③ 존재하지 아니하는 건물에 대한 등기가 있을 때 그 소유권의 등기명의인은 지체 없이 그 건물의 멸실등기를 신청하여야 한다.
④ 같은 지번 위에 1개의 건물만 있는 경우에는 건물의 등기기록의 표제부에 건물번호를 기록하지 않는다.
⑤ 부동산환매특약은 등기능력이 인정된다.

톺아보기

★ 규약상 공용부분이라는 뜻을 정한 규약을 폐지한 경우에 공용부분의 취득자는 지체 없이 소유권보존등기를 신청하여야 한다(법 제47조 제2항).

정답 | 42 ② 43 ①

44 구분건물의 등기에 관한 설명으로 틀린 것은?

제34회

① 대지권의 표시에 관한 사항은 전유부분의 등기기록 표제부에 기록하여야 한다.
② 토지전세권이 대지권인 경우에 대지권이라는 뜻의 등기가 되어 있는 토지의 등기기록에는 특별한 사정이 없는 한 저당권설정등기를 할 수 없다.
③ 대지권의 변경이 있는 경우, 구분건물의 소유권의 등기명의인은 1동의 건물에 속하는 다른 구분건물의 소유권의 등기명의인을 대위하여 대지권변경등기를 신청할 수 있다.
④ 1동의 건물에 속하는 구분건물 중 일부만에 관하여 소유권보존등기를 신청하는 경우에는 나머지 구분건물의 표시에 관한 등기를 동시에 신청하여야 한다.
⑤ 집합건물의 규약상 공용부분이라는 뜻을 정한 규약을 폐지한 경우, 그 공용부분의 취득자는 소유권이전등기를 신청하여야 한다.

톺아보기

② 토지전세권이 대지권인 경우에 대지권이라는 뜻의 등기가 되어 있는 토지의 등기기록에는 특별한 사정이 없는 한 저당권설정등기를 할 수 있다. 대지권등기는 토지와 건물의 분리처분을 위한 규정이므로 대지권이 전세권인 경우에 토지에 대한 소유권이전등기나 저당권설정등기는 허용된다.
⑤ 공용부분이라는 뜻을 정한 규약을 폐지한 경우, 그 공용부분의 취득자는 지체 없이 소유권보존등기를 신청하여야 한다(법 제47조 제2항).
※ 제34회 공인중개사 자격시험 정답심사위원회 심사결과 ②에서 토지소유권에 대한 저당권설정등기는 할 수 있으므로 최종정답을 ②, ⑤ 〈복수 정답〉으로 처리함

45 상중하

가등기에 관한 설명으로 틀린 것은? (다툼이 있으면 판례에 따름) 제29회

① 부동산임차권의 이전청구권을 보전하기 위한 가등기는 허용된다.
② 가등기에 기한 본등기를 금지하는 취지의 가처분등기는 할 수 없다.
③ 가등기의무자도 가등기명의인의 승낙을 받아 단독으로 가등기의 말소를 청구할 수 있다.
④ 사인증여로 인하여 발생한 소유권이전등기청구권을 보전하기 위한 가등기는 할 수 없다.
⑤ 甲이 자신의 토지에 대해 乙에게 저당권설정청구권보전을 위한 가등기를 해준 뒤 丙에게 그 토지에 대해 소유권이전등기를 했더라도 가등기에 기한 본등기 신청의 등기의무자는 甲이다.

톺아보기

★ 가등기는 권리의 설정·이전·변경 또는 소멸의 청구권이 시기부 또는 정지조건부인 때에도 할 수 있으므로(법 제88조 후문), 사인증여로 인하여 발생한 소유권이전등기청구권을 보존하기 위하여 가등기를 신청할 수 있다(2000.3.13, 등기 3402-171 질의회답).

더 알아보기

가등기의 가능 여부

가등기가 가능한 경우	가등기가 불가능한 경우
• 채권적 청구권보전의 가등기 • 권리변경등기의 가등기 • 중복가등기 또는 이중가등기 • 가등기의 이전가등기 • 가등기의 이전금지가처분등기	• 물권적 청구권보전의 가등기 • 부동산표시변경등기의 가등기 • 소유권보존등기의 가등기 • 처분제한등기(가압류·가처분)의 가등기 • 가등기에 기한 본등기금지가처분등기 • 유언자가 생존 중에 신청한 유증을 원인으로 하는 소유권이전청구권가등기 • 물권적 청구권이 원인인 말소등기

정답 | 44 ②, ⑤ 45 ④

46 상중하

A건물에 대해 甲이 소유권이전등기청구권보전 가등기를 2016.3.4.에 하였다. 甲이 위 가등기에 의해 2016.10.18. 소유권이전의 본등기를 한 경우, A건물에 있던 다음 등기 중 직권으로 말소하는 등기는?   제27회

① 甲에게 대항할 수 있는 주택임차권에 의해 2016.7.4.에 한 주택임차권등기
② 2016.3.15. 등기된 가압류에 의해 2016.7.5.에 한 강제경매개시결정등기
③ 2016.2.5. 등기된 근저당권에 의해 2016.7.6.에 한 임의경매개시결정등기
④ 위 가등기상 권리를 목적으로 2016.7.7.에 한 가처분등기
⑤ 위 가등기상 권리를 목적으로 2016.7.8.에 한 가압류등기

톺아보기

소유권이전청구권보전의 가등기 이후에 경료된 가압류에 의한 강제경매개시결정등기는 등기관이 직권으로 말소한다(규칙 제147조 제1항).

더 알아보기

본등기 후의 조치

1. 소유권이전청구권보전 가등기에 기한 본등기를 신청한 경우
    ㉠ 가등기 후 본등기 전에 경료된 소유권이전등기, 제한물권설정등기, 가압류, 가처분등기, 경매신청등기, 가등기의무자의 사망으로 인한 상속등기 등은 직권으로 말소한다.
    ㉡ 그러나 다음의 권리는 직권말소하지 아니한다.
        • 해당 가등기상의 권리를 목적으로 하는 가압류등기 또는 처분금지가처분등기
        • 가등기 전에 경료된 담보가등기, 전세권 및 저당권에 기한 임의경매개시결정등기와 가등기 전에 경료된 가압류에 기한 강제경매개시결정등기

2. 용익물권 및 임차권에 관한 가등기에 기한 본등기를 신청한 경우
    ㉠ 가등기 후 본등기 전에 경료된 용익물권 또는 임차권등기는 직권말소한다.
    ㉡ 가등기 후 본등기 전에 경료된 소유권에 관한 등기 또는 저당권설정등기는 위 본등기와 양립할 수 있으므로 직권말소할 수 없다.

3. 저당권설정청구권보전 가등기에 기한 본등기를 신청한 경우
    가등기 후에 경료된 제3자 명의의 등기는 직권말소할 수 없다.

47

X토지에 관하여 A등기청구권보전을 위한 가등기 이후, B-C의 순서로 각 등기가 적법하게 마쳐졌다. B등기가 직권말소의 대상인 것은? (A, B, C등기는 X를 목적으로 함)

제35회

	A	B	C
①	전세권설정	가압류등기	전세권설정본등기
②	임차권설정	저당권설정등기	임차권설정본등기
③	저당권설정	소유권이전등기	저당권설정본등기
④	소유권이전	저당권설정등기	소유권이전본등기
⑤	지상권설정	가압류등기	지상권설정본등기

톺아보기

소유권에 관한 가등기에 기한 본등기를 하는 경우에 중간처분등기인 저당권설정등기는 양립할 수 없으므로 등기관이 직권으로 말소한다.

정답 | 46 ② 47 ④

48 상중하

가등기에 관한 설명으로 틀린 것은? (다툼이 있으면 판례에 따름) 제30회

① 소유권보존등기를 위한 가등기는 할 수 없다.
② 소유권이전청구권이 장래에 확정될 것인 경우, 가등기를 할 수 있다.
③ 가등기된 권리의 이전등기가 제3자에게 마쳐진 경우, 그 제3자가 본등기의 권리자가 된다.
④ 가등기권리자가 여럿인 경우, 그중 1인이 공유물보존행위에 준하여 가등기 전부에 관한 본등기를 신청할 수 있다.
⑤ 가등기권리자가 가등기에 의한 본등기로 소유권이전등기를 하지 않고 별도의 소유권이전등기를 한 경우, 그 가등기 후에 본등기와 저촉되는 중간등기가 없다면 가등기에 의한 본등기를 할 수 없다.

톺아보기

★ ④ 공동가등기의 경우에 하나의 가등기에 관하여 여러 사람의 가등기권리자가 있는 경우에 모두가 공동의 이름으로 본등기를 신청하거나, 가등기권리자 중 1인이 자기 지분만에 관하여 본등기를 신청할 수 있다. 그러나 일부의 가등기권리자가 공유물보존행위에 준하여 가등기 전부에 관한 본등기를 신청할 수는 없다.
⑤ 소유권이전청구권가등기권자가 가등기에 의한 본등기를 하지 않고 다른 원인에 의한 소유권이전등기를 한 후에는 다시 그 가등기에 의한 본등기를 할 수 없다(소유권이전가등기권자가 소유자이므로 「민법」상 혼동에 해당). 다만 가등기 후 위 소유권이전등기 전에 제3자 앞으로 처분제한의 등기가 되어 있거나 중간처분의 등기가 된 경우에는 그러하지 아니하다.

49 상중하

가등기에 관한 설명으로 틀린 것은? 제32회

① 가등기권리자는 가등기를 명하는 법원의 가처분명령이 있는 경우에는 단독으로 가등기를 신청할 수 있다.
② 근저당권 채권최고액의 변경등기청구권을 보전하기 위해 가등기를 할 수 있다.
③ 가등기를 한 후 본등기의 신청이 있을 때에는 가등기의 순위번호를 사용하여 본등기를 하여야 한다.
④ 임차권설정등기청구권보전 가등기에 의한 본등기를 한 경우 가등기 후 본등기 전에 마쳐진 저당권설정등기는 직권말소의 대상이 아니다.
⑤ 등기관이 소유권이전등기청구권보전 가등기에 의한 본등기를 한 경우, 가등기 후 본등기 전에 마쳐진 해당 가등기상 권리를 목적으로 하는 가처분등기는 직권으로 말소한다.

톺아보기

★ 등기관이 소유권이전등기청구권보전 가등기에 의한 본등기를 한 경우, 가등기 후 본등기 전에 마쳐진 해당 가등기상 권리를 목적으로 하는 가처분등기는 직권으로 말소할 수 없다.

50 상중하 가등기에 관한 설명으로 옳은 것은? 제33회

① 가등기명의인은 그 가등기의 말소를 단독으로 신청할 수 없다.
② 가등기의무자는 가등기명의인의 승낙을 받더라도 가등기의 말소를 단독으로 신청할 수 없다.
③ 가등기권리자는 가등기를 명하는 법원의 가처분명령이 있더라도 단독으로 가등기를 신청할 수 없다.
④ 하나의 가등기에 관하여 여러 사람의 가등기권자가 있는 경우, 그 중 일부의 가등기권자는 공유물보존행위에 준하여 가등기 전부에 관한 본등기를 신청할 수 없다.
⑤ 가등기목적물의 소유권이 가등기 후에 제3자에게 이전된 경우, 가등기에 의한 본등기신청의 등기의무자는 그 제3자이다.

톺아보기

[오답해설]
① 가등기명의인은 단독으로 가등기의 말소를 신청할 수 있다(법 제93조 제1항).
② 가등기의무자 또는 가등기에 관하여 등기상 이해관계 있는 자는 가등기명의인의 승낙을 받아 단독으로 가등기의 말소를 신청할 수 있다(법 제93조 제2항).
③ 가등기권리자는 가등기의무자의 승낙이 있거나 가등기를 명하는 법원의 가처분명령(假處分命令)이 있을 때에는 단독으로 가등기를 신청할 수 있다(법 제89조).
★ 가등기를 명하는 가처분명령은 부동산의 소재지를 관할하는 지방법원이 가등기권리자의 신청으로 가등기 원인 사실의 소명이 있는 경우에 할 수 있다(법 제90조 제1항).
⑤ 가등기 후 제3자에게 소유권이 이전된 경우에도 가등기에 의한 본등기 신청의 등기의무자는 가등기를 할 때의 소유자이며, 가등기 후에 제3자에게 소유권이 이전된 경우에도 가등기의무자는 변동되지 않는다(등기예규 제1632호).

51 가등기에 관한 설명으로 틀린 것은? 제34회

① 가등기로 보전하려는 등기청구권이 해제조건부인 경우에는 가등기를 할 수 없다.
② 소유권이전청구권 가등기는 주등기의 방식으로 한다.
③ 가등기는 가등기권리자와 가등기의무자가 공동으로 신청할 수 있다.
④ 가등기에 기한 본등기를 금지하는 취지의 가처분등기의 촉탁이 있는 경우, 등기관은 이를 각하하여야 한다.
⑤ 소유권이전청구권 가등기에 기하여 본등기를 하는 경우, 등기관은 그 가등기를 말소하는 표시를 하여야 한다.

톺아보기

소유권이전청구권 가등기에 기하여 본등기를 하는 경우, 등기관은 가등기의 순위번호를 제외한 나머지 부분에 횡선으로 구분하고 본등기를 하여야 한다. 즉, 가등기에 기하여 본등기를 하는 경우 가등기는 말소하지 아니한다. 가등기를 한 후 본등기의 신청이 있을 때에는 가등기의 순위번호를 사용하여 본등기를 하여야 한다(규칙 제146조).

52 가등기에 관한 설명으로 옳은 것은? (다툼이 있으면 판례에 따름)

제35회

① 소유권이전등기청구권 보전을 위한 가등기에 기한 본등기가 경료된 경우, 본등기에 의한 물권변동의 효력은 가등기한 때로 소급하여 발생한다.
② 소유권이전등기청구권 보전을 위한 가등기가 마쳐진 부동산에 처분금지가처분등기가 된 후 본등기가 이루어진 경우, 그 본등기로 가처분채권자에게 대항할 수 있다.
③ 정지조건부의 지상권설정청구권을 보전하기 위해서는 가등기를 할 수 없다.
④ 가등기된 소유권이전등기청구권이 양도된 경우, 그 가등기상의 권리의 이전등기를 가등기에 대한 부기등기의 형식으로 경료할 수 없다.
⑤ 소유권이전등기청구권 보전을 위한 가등기가 있으면 소유권이전등기를 청구할 어떤 법률관계가 있다고 추정된다.

톺아보기

오답해설

① 소유권이전등기청구권 보전을 위한 가등기에 기한 본등기가 경료된 경우, 본등기에 의한 물권변동의 효력은 본등기한 때에 발생한다.
③ 시기부·정지조건부의 지상권설정청구권을 보전하기 위해서는 가등기를 할 수 있다.
④ 가등기된 소유권이전등기청구권이 양도된 경우, 그 가등기상의 권리의 이전등기를 가등기에 대한 부기등기의 형식으로 경료할 수 있다.
⑤ 소유권이전등기청구권 보전을 위한 가등기가 있으면 소유권이전등기를 청구할 어떤 법률관계가 있다고 추정되지 아니한다.

정답 | 51 ⑤ 52 ②

53 등기신청에 관한 설명으로 틀린 것은? (다툼이 있으면 판례에 의함) 제25회

① 처분금지가처분등기가 된 후, 가처분채무자를 등기의무자로 하여 소유권이전등기를 신청하는 가처분채권자는 그 가처분등기 후에 마쳐진 등기 전부의 말소를 단독으로 신청할 수 있다.
② 가처분채권자가 가처분등기 후의 등기말소를 신청할 때에는 '가처분에 의한 실효'를 등기원인으로 하여야 한다.
③ 가처분채권자의 말소신청에 따라 가처분등기 후의 등기를 말소하는 등기관은 그 가처분등기도 직권말소하여야 한다.
④ 등기원인을 경정하는 등기는 단독신청에 의한 등기의 경우에는 단독으로, 공동신청에 의한 등기의 경우에는 공동으로 신청하여야 한다.
⑤ 체납처분으로 인한 상속부동산의 압류등기를 촉탁하는 관공서는 상속인의 승낙이 없더라도 권리이전의 등기를 함께 촉탁할 수 있다.

톺아보기

처분금지가처분등기가 된 후, 가처분채무자를 등기의무자로 하여 소유권이전등기를 신청하는 가처분채권자는 그 가처분등기 후에 마쳐진 제3자 명의의 소유권이전등기, 소유권 이외의 권리의 등기의 말소를 동시에 단독으로 신청할 수 있다.

더 알아보기

가처분권자가 본안사건에서 승소하여 그 승소판결에 따른 소유권이전등기를 하는 경우
- 해당 가처분등기 이후에 경료된 제3자 명의의 소유권이전등기의 말소는 동시에 단독으로 신청한다.
- 해당 가처분등기 이후에 경료된 제3자 명의의 소유권이전등기 이외의 등기의 말소는 동시에 단독으로 신청한다.
- 해당 가처분등기의 말소는 등기관이 직권으로 말소한다.

54 '지체 없이' 신청해야 하는 등기를 모두 고른 것은?

제28회

㉠ 「건축법」상 사용승인을 받아야 할 건물임에도 사용승인을 받지 못했다는 사실이 기록된 소유권보존등기가 된 후에 사용승인이 이루어진 경우, 그 건물소유권의 등기명의인이 해야 할 그 사실에 관한 기록의 말소등기
㉡ 집합건물에 있어서 규약에 따른 공용부분이라는 뜻의 등기가 이루어진 후에 그 규약이 폐지된 경우, 그 공용부분의 취득자가 해야 할 소유권보존등기
㉢ 존재하는 건물이 전부 멸실된 경우, 그 건물소유권의 등기명의인이 해야 할 멸실등기
㉣ 촉탁이나 직권에 의한 신탁변경등기에 해당하는 경우를 제외하고, 신탁재산의 운용을 위한 방법이 변경된 때에 수탁자가 해야 할 신탁원부 기록의 변경등기
㉤ 토지의 지목(地目)이 변경된 경우, 그 토지소유권의 등기명의인이 해야 할 변경등기

① ㉠, ㉢   ② ㉠, ㉣   ③ ㉡, ㉣
④ ㉡, ㉤   ⑤ ㉢, ㉤

톺아보기

'지체 없이' 신청해야 하는 등기는 ㉡㉣이다.
㉠㉢㉤ 표시의 등기는 1개월 이내에 신청하여야 한다.
㉡ 공용부분이라는 뜻을 정한 규약을 폐지한 경우에 공용부분의 취득자는 지체 없이 소유권보존등기를 신청하여야 한다(법 제47조 제2항).
㉣ 수탁자는 촉탁등기 및 직권등기에 해당하는 경우를 제외하고 법 제81조 제1항 각 호의 사항이 변경되었을 때에는 지체 없이 신탁원부 기록의 변경등기를 신청하여야 한다(법 제86조).

정답 | 53 ① 54 ③

land.Hackers.com

빈출지문 노트

부록　빈출지문 노트

제1편　공간정보의 구축 및 관리 등에 관한 법률

01 지적소관청은 토지의 이동현황을 직권으로 조사·측량하여 토지의 지번·지목·면적·경계 또는 좌표를 결정하려는 때에는 토지이동현황 조사계획을 수립하여야 한다. 이 경우 토지이동현황 조사계획은 시·군·구별로 수립하되, 부득이한 사유가 있는 때에는 읍·면·동별로 수립할 수 있다(규칙 제59조 제1항).

02 지적소관청은 도시개발사업 등이 준공되기 전에 지번을 부여하는 때에는 도시개발사업 등 신고에 있어서의 사업계획도에 따르되, 지적확정측량 시행지역에 있어서의 지번부여방법에 따라 부여하여야 한다.

03 용수(用水) 또는 배수(排水)를 위하여 일정한 형태를 갖춘 인공적인 수로·둑 및 그 부속시설물의 부지와 자연의 유수(流水)가 있거나 있을 것으로 예상되는 소규모 수로부지는 '구거'로 한다.

04 지적도·임야도에 지목을 표기하는 경우 원칙은 첫 번째 글자를 사용하나, 예외적으로 두 번째 글자를 사용하는 경우가 있다[주차장(차), 유원지(원), 공장용지(장), 하천(천)].

05 분할에 따른 지상 경계는 지상건축물을 걸리게 결정해서는 아니 된다. 다만, 법원의 확정판결이 있는 경우에는 그러하지 아니하다.

06 지적소관청은 토지의 이동에 따라 지상 경계를 새로 정한 경우에는 경계점 위치 설명도 등을 등록한 지상경계점등록부를 작성·관리하여야 한다.

07 지적도의 축척이 1/600인 지역과 경계점좌표등록부 시행지역인 경우에 1필지의 면적이 $0.1m^2$ 미만인 때에는 $0.1m^2$로 한다.

08 지적소관청은 토지의 이동현황을 직권으로 조사·측량하여 토지의 지번·지목·면적·경계 또는 좌표를 결정하려는 때에는 토지이동현황 조사계획을 수립하여야 한다.

09 경계점좌표등록부를 갖춰 두는 지역의 지적도에는 해당 도면의 제명 끝에 '(좌표)'라고 표시하고, 도곽선의 오른쪽 아래 끝에 '이 도면에 의하여 측량을 할 수 없음'이라고 적어야 한다.

10 정보처리시스템을 통하여 기록·저장된 지적공부(지적도 및 임야도는 제외)를 열람하거나 그 등본을 발급받고자 하는 자는 특별자치시장, 시장·군수 또는 구청장이나 읍·면·동의 장에게 신청할 수 있다.

11 지적소관청은 부동산종합공부의 불일치 등록사항에 대해서는 등록사항을 관리하는 기관의 장에게 그 내용을 통지하여 등록사항 정정을 요청할 수 있다.

12 지적소관청(정보처리시스템을 통하여 기록·저장한 지적공부의 경우에는 시·도지사, 시장·군수 또는 구청장)은 지적공부의 전부 또는 일부가 멸실되거나 훼손된 경우에는 지체 없이 이를 복구하여야 한다(법 제74조).

13 임야대장의 면적과 등록전환될 면적의 차이가 오차의 허용범위 이내인 경우에는 등록전환될 면적을 등록전환 면적으로 결정하고, 허용범위를 초과하는 경우에는 임야대장의 면적 또는 임야도의 경계를 지적소관청이 직권으로 정정하여야 한다.

14 지적소관청은 토지소유자가 통지받은 날부터 90일 이내에 등록말소 신청을 하지 아니하는 경우에는 직권으로 말소하여야 한다. 지적소관청이 직권으로 지적공부의 등록사항을 말소하거나 회복등록하였을 때에는 그 정리 결과를 토지소유자 및 해당 공유수면의 관리청에 통지하여야 한다.

15 「도시개발법」에 따른 도시개발사업, 「농어촌정비법」에 따른 농어촌정비사업, 그 밖에 토지개발사업의 시행자는 그 사업의 착수·변경 및 완료 사실을 지적소관청에 신고하여야 한다.

16 지적공부에 등록된 토지소유자의 변경사항은 등기관서에서 등기한 것을 증명하는 등기필증, 등기완료 통지서, 등기사항증명서 또는 등기관서에서 제공한 등기전산정보자료에 따라 정리한다.

17 토지의 표시에 관한 변경등기가 필요한 지적정리 등의 통지는 지적소관청이 그 등기완료의 통지서를 접수한 날부터 15일 이내 해당 토지소유자에게 하여야 한다. 그러나 변경등기가 필요하지 아니한 지적정리 등의 통지는 지적소관청이 지적공부에 등록한 날부터 7일 이내 해당 토지소유자에게 하여야 한다.

18 지상건축물 등의 현황을 지적도 및 임야도에 등록된 경계와 대비하여 표시하는 데에 필요한 경우에 지적현황측량을 실시한다.

19 검사측량과 지적재조사측량은 지적측량수행자에게 지적측량을 의뢰할 수 없다.

20 지적측량수행자는 지적측량 의뢰를 받은 때에는 측량기간, 측량일자 및 측량수수료 등을 적은 지적측량 수행계획서를 그 다음 날까지 지적소관청에 제출하여야 한다.

21 지적측량기준점성과 또는 그 측량부를 열람하거나 등본을 발급받으려는 자는 지적삼각점성과에 대해서는 특별시장·광역시장·특별자치시장·도지사·특별자치도지사 또는 지적소관청에 신청하고, 지적삼각보조점성과 및 지적도근점성과에 대해서는 지적소관청에 신청하여야 한다.

22 중앙지적위원회 위원장이 중앙지적위원회의 회의를 소집할 때에는 회의 일시·장소 및 심의 안건을 회의 5일 전까지 각 위원에게 서면으로 통지하여야 한다.

23 지적측량 적부심사(適否審査)를 청구하려는 자는 심사청구서에 관련 서류를 첨부하여 특별시장·광역시장·특별자치시장·도지사 또는 특별자치도지사를 거쳐 지방지적위원회에 제출하여야 한다.

24 의결서를 받은 자가 지방지적위원회의 의결에 불복하는 경우에는 그 의결서를 받은 날부터 90일 이내에 국토교통부장관을 거쳐 중앙지적위원회에 재심사를 청구할 수 있다.

제2편 부동산등기법

01 등기관이 권리의 변경이나 경정의 등기를 할 때에는 부기등기로 하여야 한다. 다만, 등기상 이해관계 있는 제3자의 승낙이 없는 경우에는 주등기로 하여야 한다.

02 전세권설정등기를 하기로 합의하였으나 당사자신청의 착오로 임차권으로 등기된 경우, 전세권등기와 임차권등기는 동일성이 인정되지 아니하므로 그 불일치는 경정등기로 시정할 수 없다.

03 법인 아닌 사단이 등기의무자인 경우, 사원총회결의가 있었음을 증명하는 정보를 첨부정보로 제공하여야 한다.

04 甲에서 乙로, 乙에서 丙으로 순차로 소유권이전등기가 이루어졌으나 乙 명의의 등기가 원인무효임을 이유로 甲이 丙을 상대로 丙 명의의 등기말소를 명하는 확정판결을 얻은 경우, 甲이 乙을 대위하여 丙 명의의 등기를 말소하므로 등기권리자는 乙, 등기의무자는 丙이다.

05 부동산에 관한 근저당권설정등기의 말소등기를 함에 있어 근저당권 설정 후 소유권이 제3자에게 이전된 경우, 근저당권설정자 또는 제3취득자는 근저당권자와 공동으로 그 말소등기를 신청할 수 있다.

06 등기절차의 이행 또는 인수를 명하는 판결에 의한 등기는 승소한 등기권리자 또는 등기의무자가 단독으로 신청하고, 공유물을 분할하는 판결에 의한 등기는 등기권리자 또는 등기의무자가 단독으로 신청한다.

07 구분건물로서 그 대지권의 변경이 있는 경우에는 구분건물의 소유권의 등기명의인은 1동의 건물에 속하는 다른 구분건물의 소유권의 등기명의인을 대위하여 그 변경등기를 신청할 수 있다.

08 같은 채권의 담보를 위하여 여러 개의 부동산에 대한 저당권설정등기를 신청하는 경우, 부동산의 관할 등기소가 서로 다르면 1건의 신청정보로 일괄하여 등기를 신청할 수 없다.

09 승소한 등기의무자가 단독으로 등기신청을 한 경우, 등기신청인과 등기명의인이 일치하지 아니하므로 새로운 등기필정보를 등기권리자에게 작성·통지하지 아니한다.

10 판결에 의하여 승소한 등기권리자가 등기를 신청하는 경우에는 등기의무자의 등기필정보를 첨부하지 아니한다. 그러나 승소한 등기의무자가 단독으로 권리에 관한 등기를 신청하는 경우, 그의 등기필정보를 등기소에 제공해야 한다.

11 사용자등록을 한 자연인(외국인 포함)과 전자증명서를 발급받은 법인은 전자신청을 할 수 있다.

12 법원의 촉탁으로 실행되어야 할 등기를 신청한 경우 「부동산등기법」 제29조 제2호에 해당하여 등기관이 신청을 각하한다.

13 공동상속인 중 1인의 전원 명의의 상속등기는 허용되나, 공동상속인 중 일부가 자신의 상속지분만에 대한 상속등기를 신청한 경우에는 「부동산등기법」 제29조 제2호에 해당하여 등기관이 신청을 각하한다.

14 등기관은 이의가 이유 없다고 인정하면 이의신청일로부터 3일 이내에 의견을 붙여 이의신청서 또는 이의신청정보를 관할 지방법원에 보내야 한다.

15 지상권등기를 말소하는 경우 그 지상권을 목적으로 하는 저당권자, 소유권보존등기를 말소하는 경우의 가압류권자는 말소될 권리를 목적으로 하고 있으므로 말소등기의 이해관계인에 해당한다.

16 소유권보존등기의 판결의 상대방은 대장상 소유자로 등록되어 있는 자이나, 대장상의 소유자란이 공란으로 비어 있거나 소유자를 특정할 수 없는 경우에는 토지는 '국가'를 상대방으로, 건물은 건축물대장의 작성권자인 '시장 · 군수 · 구청장'을 상대방으로 하여야 한다.

17 등기관이 미등기부동산에 대하여 법원의 촉탁에 따라 소유권의 처분제한의 등기를 할 때에는 직권으로 소유권보존등기를 하고, 처분제한의 등기를 명하는 법원의 재판에 따라 소유권의 등기를 한다는 뜻을 기록하여야 한다.

18 공유자 중 1인의 지분포기로 인한 소유권이전등기는 지분을 포기하는 공유자와 잔존공유자가 공동으로 신청하여야 한다.

19 합유자 중 일부가 나머지 합유자들 전원의 동의를 얻어 그의 합유지분을 타에 매도 기타 처분하여 종전의 합유자 중 일부가 교체되는 경우에 합유지분을 처분한 합유자와 합유지분을 취득한 합유자 및 잔존합유자의 공동신청으로 합유명의인 변경등기신청을 하여야 한다.

20 수익자나 위탁자는 수탁자를 대위하여 신탁등기를 신청할 수 있다. 이 경우 동시신청은 적용하지 아니한다.

21 법원은 신탁관리인의 선임 또는 해임의 재판을 한 경우, 지체 없이 신탁원부 기록의 변경등기를 등기소에 촉탁하여야 한다.

22 전세권일부이전등기의 신청은 전세권의 존속기간의 만료 전에는 할 수 없다. 다만, 존속기간 만료 전이라도 해당 전세권이 소멸하였음을 증명하여 신청하는 경우에는 그러하지 아니하다.

23 임차권등기명령에 의한 주택임차권등기가 마쳐진 경우, 그 등기에 기초한 임차권이전등기를 할 수 없다.

24 등기관이 승역지에 지역권설정의 등기를 하였을 때에는 직권으로 요역지의 등기기록에 승역지를 기록하여야 한다.

25 채무자변경을 원인으로 하는 저당권변경등기는 저당권자를 등기권리자로, 저당권설정자를 등기의무자로 하여 공동으로 신청한다(저당권등기에서 채무자는 당사자가 아님).

26 저당권설정등기의 경우에 변제기가 임의적 기록사항이며, 근저당권설정등기의 경우에 존속기간이 임의적 기록사항이다.

27 등기관이 구분건물의 대지권등기를 하는 경우에는 대지권의 목적인 토지의 등기기록에 대지권 뜻의 등기는 직권으로 기록하여야 한다(지역권은 제외).

28 구분건물의 등기기록에 대지권이 등기된 후 구분건물만에 관한 저당권설정등기는 허용되지 아니한다.

29 규약상 공용부분이라는 뜻을 정한 규약을 폐지한 경우에 공용부분의 취득자는 지체 없이 소유권보존등기를 신청하여야 한다.

30 가등기는 권리의 설정 · 이전 · 변경 또는 소멸의 청구권이 시기부 또는 정지조건부인 때에도 할 수 있으므로, 사인증여로 인하여 발생한 소유권이전등기청구권을 보존하기 위하여 가등기를 신청할 수 있다.

31 공동가등기의 경우에 하나의 가등기에 관하여 여러 사람의 가등기권리자가 있는 경우에 모두가 공동의 이름으로 본등기를 신청하거나, 가등기권리자 중 1인이 자기 지분만에 관하여 본등기를 신청할 수 있다. 그러나 일부의 가등기권리자가 공유물보존행위에 준하여 가등기 전부에 관한 본등기를 신청할 수는 없다.

32 등기관이 소유권이전등기청구권보전 가등기에 의한 본등기를 한 경우, 가등기 후 본등기 전에 마쳐진 해당 가등기상 권리를 목적으로 하는 가처분등기는 직권으로 말소할 수 없다.

33 가등기를 명하는 가처분명령은 부동산의 소재지를 관할하는 지방법원이 가등기권리자의 신청으로 가등기 원인 사실의 소명이 있는 경우에 할 수 있다.

저자 약력

홍승한 교수
서울시립대학교 법학 학사
서울시립대학교 부동산학 석사
상명대학교 부동산학 박사

현 | 해커스 공인중개사학원 부동산공시법령 대표강사
　 해커스 공인중개사 부동산공시법령 동영상강의 대표강사

전 | 금융연수원 부동산공시법령 강의
　 EBS 부동산공시법령 강의
　 웅진랜드캠프 부동산공시법령 강의
　 한국법학원 부동산공시법령 강의
　 새롬행정고시학원 부동산공시법령 강의

저서 | 부동산공시법령(기본서·문제집), 웅진랜드캠프, 2008~2009
　　 부동산공시법령(기본서·문제집), 고시동네, 2010~2013
　　 부동산공시법령(기본서·문제집), EBS, 2011~2012
　　 부동산공시법령(기본서·문제집), 한국법학원, 2013~2016
　　 부동산공시법령(기본서·문제집), 새롬행정고시학원, 2017~2019
　　 부동산공시법령(기본서), 해커스패스, 2021~2025
　　 부동산공시법령(한손노트), 해커스패스, 2024~2025
　　 부동산공시법령(핵심요약집), 해커스패스, 2024~2025
　　 부동산공시법령(출제예상문제집), 해커스패스, 2021~2024
　　 공인중개사 2차(기초입문서), 해커스패스, 2021~2025
　　 공인중개사 2차(핵심요약집), 해커스패스, 2021~2023
　　 공인중개사 2차(단원별 기출문제집), 해커스패스, 2021~2024
　　 공인중개사 2차(회차별 기출문제집), 해커스패스, 2022~2024
　　 공인중개사 2차(실전모의고사), 해커스패스, 2021~2024

해커스 공인중개사 단원별 기출문제집

2차 부동산공시법령

초판 1쇄 발행	2025년 2월 7일
지은이	홍승한, 해커스 공인중개사시험 연구소 공편저
펴낸곳	해커스패스
펴낸이	해커스 공인중개사 출판팀
주소	서울시 강남구 강남대로 428 해커스 공인중개사
고객센터	1588-2332
교재 관련 문의	land@pass.com
	해커스 공인중개사 사이트(land.Hackers.com) 1:1 무료상담
	카카오톡 플러스 친구 [해커스 공인중개사]
학원 강의 및 동영상강의	land.Hackers.com
ISBN	979-11-7244-800-4 (13360)
Serial Number	01-01-01

저작권자 ⓒ 2025, 홍승한
이 책의 모든 내용, 이미지, 디자인, 편집 형태는 저작권법에 의해 보호받고 있습니다.
서면에 의한 저자와 출판사의 허락 없이 내용의 일부 혹은 전부를 인용, 발췌하거나, 복제, 배포할 수 없습니다.

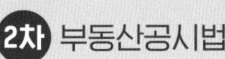

공인중개사 시험 전문,
해커스 공인중개사 land.Hackers.com

- 해커스 공인중개사학원 및 동영상강의
- 해커스 공인중개사 온라인 전국 실전모의고사
- 해커스 공인중개사 무료 학습자료 및 필수 합격정보 제공

해커스 공인중개사

공인중개사 1위 해커스
한경비즈니스 2024 한국브랜드만족지수 교육(온·오프라인 공인중개사 학원) 1위

해커스 공인중개사
100% 환급 평생수강반

합격 시 수강료 100% 환급!

*교재비, 제세공과금 22% 본인 부담   *이용 안내 필수 확인   *2026년까지 합격 시 환급

합격할 때까지 평생
무제한 수강

* 응시확인서 제출 시

전과목 최신교재
20권 제공

200만원 상당
최신 유료특강 제공

200만원 상당 유료특강

> **온가족 5명 해커스로 줄줄이 합격!**
>
>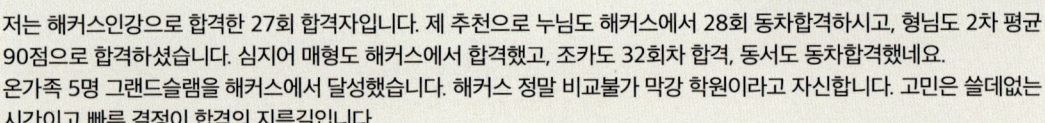
> 동생 누나 형 남편 아들
>
> 저는 해커스인강으로 합격한 27회 합격자입니다. 제 추천으로 누님도 해커스에서 28회 동차합격하시고, 형님도 2차 평균 90점으로 합격하셨습니다. 심지어 매형도 해커스에서 합격했고, 조카도 32회차 합격, 동서도 동차합격했네요.
> 온가족 5명 그랜드슬램을 해커스에서 달성했습니다. 해커스 정말 비교불가 막강 학원이라고 자신합니다. 고민은 쓸데없는 시간이고 빠른 결정이 합격의 지름길입니다.
>
> **해커스 합격생 정*진 님 후기**

지금 등록 시
최대할인 쿠폰지급

지금 바로
수강신청 ▶

* 상품 구성 및 혜택은 추후 변동 가능성이 있습니다. 상품에 대한 자세한 정보는 이벤트페이지에서 확인하실 수 있습니다.   * 상품페이지 내 유의사항 필수 확인

1588-2332
land.Hackers.com